LINDA ZERVAKIS

KÖNIGIN DER BUNTEN TÜTE

GESCHICHTEN AUS DEM KIOSK

Rowohlt POLARIS

6. Auflage November 2020
Originalausgabe
Veröffentlicht im Rowohlt Taschenbuch Verlag,
Reinbek bei Hamburg, Oktober 2015
Copyright © 2015 by Rowohlt Verlag GmbH,
Reinbek bei Hamburg
Umschlaggestaltung und Motiv
Hauptmann & Kompanie Werbeagentur, Zürich
Umschlagabbildungen privat;
quisp65/Getty Images; cgtextures
Satz aus der Apollo MT, PostScript, InDesign,
bei Pinkuin Satz und Datentechnik, Berlin
Druck und Bindung CPI books GmbH, Leck, Germany
ISBN 978 3 499 63080 4

Für Mama und meine Familie

INHALTSVERZEICHNIS

Prolog 9

1. KAPITEL – Ein Fall für zwei 27
2. KAPITEL – Ein Lamm für alle Fälle 38
3. KAPITEL – Unser täglich Brot gib uns heute 52
4. KAPITEL – Oh J-J-J-Johnny 68
5. KAPITEL – Kala Christougenna 81
6. KAPITEL – Das Orakel vom Flur 98
7. KAPITEL – Ein belegtes Brot mit Schinken 116
8. KAPITEL – La Boum 141
9. KAPITEL – Ferien im Taunus 164
10. KAPITEL – Der letzte Schrott 196

Epilog 218

Dank 223

PROLOG

Ich möchte Ihnen kurz meine Familie vorstellen, damit Sie wissen, mit wem Sie es auf den nächsten Seiten zu tun bekommen. Meinen Vater Christos und meine Mutter Chrissoula, die seit ihrer Geburt am Fuße des Olymps schlicht und einfach Chrissi genannt wird. Ihren Nachnamen verwendet sie am liebsten in der dritten Person. Deshalb ist die Anrede für alle, die ihre Aufmerksamkeit erregen möchten, gleich, egal ob Briefträger oder Bundespräsident: *Hallo, Chrissi – wie geht es?* Alles ist natürlich gut, egal wie schlecht es ihr in Wahrheit auch gehen mag, und zur Begrüßung schenkt sie allen ein warmes Lächeln. Gejammert wird über die griechische Tragödie erst hinter verschlossener Tür. Mein kleiner Bruder Iannis kann davon ein Lied singen, genauer: eine Ballade. Immerhin war er mit Anfang 30 aber doch alt genug, das Elternhaus zu verlassen und die gefährliche Welt alleine zu erkunden. Natürlich immer mit einer Tupperdose Frikadellen von Chrissi im Gepäck und einem Satz frischgebügelter Wäsche im Kofferraum. Und dann gibt es da noch meinen großen Bruder, geboren mit einer schweren Hypothek. Wie kann man seinen Sohn nur auf den Namen Charalambos taufen, wenn man ihn nördlich von Mazedonien aufziehen will? Die Folge dessen ist der Spitzname Chari, der seit seinem ersten Besuch im Kindergarten von Harburg an ihm klebt und immer wie Harry klingt. Bis heute kann in Deutschland keiner seinen Namen richtig aussprechen, außer der Verwandtschaft. Aber das ist ja immerhin ein Personenkreis von fast 100 liebenswerten Dickköpfen, die das Erbe der griechischen Demokratie verwalten. Meistens im Schlaf, wie ich mir seit der Schuldenkrise immer wieder anhören muss. Wir sind also das, was man in Forschungskreisen eine Familie mit Migrationshintergrund nennt. MH. Früher waren wir nur die griechische Familie Zervakis. Nicht mehr und nicht weniger. Als meine Eltern in den 1960er Jahren nach Deutschland kamen, hatten sie nichts, aber trotzdem immer etwas zu lachen. Der Dreisatz der Immigration lautete damals Koffer, Kühlschrank, Knoblauch – inzwischen haben die Gastarbeiter, als die sie noch immer abgestempelt werden, den Inhalt ihrer Taschen aber immerhin in eine Schrankwand aus Eichenfurnier geräumt. Die Sachen werden höchstens noch für einen Urlaub in der Heimat gepackt, dabei war Deutschland eigentlich nur als Ausflugsziel zum Überleben gedacht. Als Wirtschaftsflüchtlinge aus dem Süden haben wir uns inzwischen auch an den Kühlschrank im Norden gewöhnt – ein Ouzo im Eisfach kann an dunklen Wintertagen ja auch trösten. Und was den Knoblauch angeht: Der hat sich ja nun wie Unkraut verbreitet und wird von Schuhbeck und Lafer so selbstverständlich in den Schweinebraten gesteckt, als hätte schon vor unserer Einwanderung nichts anderes auf der Speisekarte im Wirtshaus zum Spessart gestanden. Das Essen kann aber nicht wirklich die Motivation für einen stolzen

Griechen wie meinen Papa gewesen sein, nach Deutschland zu kommen. Einen Teller seiner Leibspeise Stifado gegen Erbseneintopf mit Bockwurst eintauschen? Niemals! Das in der Sonne glitzernde Wasser der Ägäis freiwillig aufzugeben für einen Strandspaziergang am Steinhuder Meer im Regen klingt auch nicht nach einem verlockenden Tausch.

Eine Vision sieht anders aus, doch der junge Christos hatte keine andere Wahl und packte den Schwarz-Weiß-Klassiker in seinen Koffer: zwei schwarze Bundfaltenhosen, zwei weiße Hemden und zwei Fotos. Das eine war ein großes Familienfoto von seiner Hochzeit in Thessaloniki. Das andere Bild war ihm eher peinlich, trotzdem versteckte er es zwischen den Unterhemden. Christos posierte darauf zusammen mit seinen besten Schulfreunden an der Strandpromenade wie die griechische Fußballnationalmannschaft nach dem Sieg in der Europameisterschaft. Dabei hatten seine Jungs gar keinen Pokal zu präsentieren. Im Gegenteil. Im Spiel des Lebens waren sie irgendwie schon viel zu früh ausgeschieden und durften sich jetzt über den Titel der verlorenen Generation freuen. Letzte Ausfahrt Quakenbrück. Mit einem ungeten Gefühl klappte er den Koffer zu, nachdem sein Chef Stefanos ihn eines Tages nach Hause geschickt hatte. Nix mehr zu tun. Dabei hatte er sich eigentlich ganz gut dabei angestellt, verrostete Bleche auszuschneiden und wieder einzusetzen. Die alten Autos aus Frankreich, Italien oder Deutschland landeten durch sein Eingreifen erst ein paar Jahre später auf dem Schrottplatz am Stadtrand von Thessaloniki. Kein Traumjob, aber doch ein Job zum Träumen. Nach Feierabend ging er in der warmen Abendsonne immer zu Fuß nach Hause. In den Olivenhainen probten die Grillen vergeblich eine neue Melodie, die sich bei genauem Zuhören nicht wirklich von der vom Vortag unterschied. Trotzdem bekam mein Papa noch Jahre später Heimweh, wenn er ein Geräusch hörte, das ihn an das ohrenbetäubende Zirpen erinnerte, beispielsweise durch den Fehlalarm am Haupttor der Fahrradfabrik in Quakenbrück oder später durch das eintönige Quietschen der aneinanderstoßenden Reifen bei Phoenix in Harburg. Bei seinem Knochenjob am Fließband war es ähnlich heiß wie im Hochsommer im griechischen Hinterland. Wenn Christos aber den üblen Geruch von verbranntem Gummi durch die Vorstellung von intensiv duftenden Kiefernwäldern und Zypressen ersetzte, waren sie am Ende der Nachtschicht wieder da, die Bilder vom Feierabend in Griechenland. Katzen und Hunde huschten über die Landstraße, wenn ein vollbeladener Orangenlaster quietschend um die Ecke bog und den Staub der Straße aufwirbelte. Mit etwas Glück fiel in einer Kurve auch Obst aus den Kisten. Die Melonen platzten zwar sofort auf, aber umso einfacher waren sie auch ohne Messer zu essen. Während Christos sich voller Vorfreude auf das Abendessen mit der Großfamilie am Straßenrand manchmal eine reife Feige pflückte, stellte er sich beim Biss in die süße Frucht vor, wie er sich eines Tages ein Auto leisten können würde. Keinen klapprigen, verrosteten Laster, sondern einen glänzenden Sportwagen.

In seinem Kopfkino lief dabei ein Film ab, den er vor ein paar Monaten im Freiluftkino im Nachbardorf gesehen hatte. Dort wurden einmal im Monat alle Stühle auf dem Dorfplatz zusammengestellt und ein amerikanischer Spielfilm mit einem laut ratternden Projektor auf eine weiße Mauer projiziert. In Christos' Tagtraum spielte er die Hauptrolle natürlich gleich selbst und saß am Steuer eines schwarzen Buick. Das weiße Hemd leicht aufgeknöpft, in der Sonne glänzte das Kreuz an seiner Halskette. Der Arm hing lässig aus dem offenen Fenster und trommelte im Takt zur Musik von Mikis Theodorakis aus dem Autoradio. Auf dem Beifahrersitz saß Chrissi, seine Frau, mit Kopftuch und Sonnenbrille, mindestens so elegant wie Jackie Onassis. Und auf der Rückbank spielten die Kinder, die sie haben würden, mit Melonenschalen Schiffeversenken. Auf dem letzten Heimweg von der Werkstatt war der Traum vom sorglosen Leben einer griechischen Kleinfamilie aber geplatzt wie die vom Laster knallenden Melonen und Papa seinen Job los. Um überhaupt eine Familie ernähren zu können, entschied er sich, ein großes Risiko einzugehen, und lief vorsichtig über die Schmalspurschienen am Bahnhof von Thessaloniki. Anders als in Deutschland gab es hier keinen Wald von Verbotsschildern, die ihn am Überqueren der Gleise hätten hindern können. Wozu auch: Bei einer gefühlten Höchstgeschwindigkeit von maximal fünf Stundenkilometern auf der Strecke von Athen nach Thessaloniki konnte man, ohne in Panik zu geraten, vor der einfahrenden Lokomotive den Bahnsteig wechseln, notfalls noch hinfallen, einen Purzelbaum schlagen und sich anschließend die Schuhe binden. Kein Ort also, um sich vor den Zug zu werfen und das Leben zu beenden. Trotzdem zitterte Christos am ganzen Körper. Am Horizont sah er im Schneckentempo die Rücklichter des Eurocity verschwinden. Er liebte diese dunkelblauen Waggons. Vor allem die weißen Kopfbezüge aus Stoff in der ersten Klasse konnte er sich ewig anschauen, während der Zug an ihm vorbeidonnerte. Schon als Kind hatte er die Eleganz der Fahrgäste bewundert, die mit ihren sauberen weißen Hemden und frischpolierten Schuhen auf ihren braunen Koffern in der Sonne sitzend am Bahnsteig warteten. Die Freude auf das Abenteuer war den jungen Griechen anzusehen. Er beneidete sie. Die Tränen der zurückgelassenen Partner und die Verzweiflung der Angehörigen hingegen fürchtete er. Es war Zeit für die wichtigste Entscheidung seines Lebens.

Mit weichen Knien setzte er sich auf eine staubige Holzbank und dachte über das einfache Leben in der Heimat nach, das für ihn in den letzten Monaten von Tag zu Tag schwerer zu ertragen gewesen war. Die fehlende Perspektive hierzulande und die Entscheidung über einen Neuanfang andernorts nahmen ihm die Luft zum Atmen. Wohin sollte er nur gehen? Tickets nach Amerika oder England waren viel zu teuer. Eine Bewerbung im Hotel Europa in Genf war erst gar nicht beantwortet worden. Christos hatte mal davon geträumt, eine eigene Werkstatt in Wien zu eröffnen. Dort studierten zwei seiner Cousins Medizin und schwärmten bei ihren Heimatbesuchen von Abenteuern im Wohnheim. Vielleicht würden sie ihn ja auch mal mitnehmen auf eine Party im Schwesternwohnheim! Plötzlich würde dort der Strom ausfallen und das Licht ausgehen und dann … In diesem Moment sprang das Signal von Rot auf Grün, und der lähmende Schmerz, der ihn auf die Bank gedrückt hatte, war plötzlich weg. Christos stand auf und hatte den Impuls, den starken Griechen, die im nächsten Zug sitzen würden, einfach hinterherzulaufen. Notfalls auch barfuß, bis eine blonde Wiener Krankenschwester ihn in die Arme nahm. Er zog die Schuhe aus und versuchte, im warmen Sand einen Walzer mit seiner imaginären Pflegekraft zu tanzen. Weil die Drehung ihn immer wieder aus dem Tritt brachte, übernahm irgendwann er die Führung und hatte die Wienerin in null Komma nix in einen seiner berühmt-berüchtigten Sirtaki-Tänze verwickelt. Nur ein Traum, der ihn hin und wieder heimlich einholte. Denn vor der Hochzeit mit Chrissi war er von seinen Eltern nie gefragt worden, ob ihm die Auserwählte überhaupt gefiele. Aber die Sehnsucht nach dieser Fahrkarte wurde auch in der Realität immer größer, was für ein Ziel auch immer aufgedruckt wäre. Dortmund, Düsseldorf oder Groß Gerau. Die Orte klangen nach Hoffnung, nach Leben, nach Wohlstand. Sollten die anderen doch auf den Trauerzug warten und sich selbst bemitleiden. Für Christos war jetzt der Weg frei, sich und seiner zukünftigen Familie ein neues Leben zu ermöglichen.

Auch Chrissis Träume fanden ihren Ausgangspunkt oft auf einer Bank am Abendbrottisch, der liebevoll, aber karg gedeckt war: Fleisch war ein absolutes Luxusprodukt, das es höchstens dann gab, wenn der Bauer von nebenan seine Kuh schlachten musste, weil sie keine Milch mehr gab. Das typische Abendessen bestand aus Brot mit Olivenöl, Tomaten und Gurken. An guten Tagen gab es dazu auch mal Bohnen-, Linsen- oder Erbsensuppe. Das reichte zum Überleben – und um die Gedanken ihren Lauf nehmen zu lassen. Chrissi pflegte eine ganz andere Art von Fernweh als Christos, an einen Skiurlaub, eine Tennisreise oder wilde Tänze mit Fremden dachte sie nicht. (Jedenfalls gibt sie es nicht zu.)

Als ihre ältere Schwester Stavroula im Alter von zwanzig heiratete und mit ihrem Mann nach Thessaloniki zog, hatte Chrissi zum ersten Mal in ihrem Leben überhaupt Grund, mit dem Zug in die Großstadt zu fahren. An einem Wochenende im Sommer 1958 war es so weit. Chrissi zog ihr bestes Kleid an, setzte sich einen von der Nachbarin geliehenen Hut auf und fühlte sich mondän genug, um in ihrer Verkleidung Thessaloniki, ihrer großen Schwester und ihrem neuen Schwager einen Besuch abzustatten. Es war großartig, das Dorf für zwei Tage zu verlassen und den Lärm der Großstadt aufzusaugen. Vassili und Stavroula holten sie am Bahnhof ab, sie erkannte sie kaum. Ihre Schwester sah ganz anders aus, seit sie in die Großstadt gezogen war. Vassili kaufte ihr moderne Kleider, und Stavroula trug ihre Haare dazu so kurz wie die junge Sophia Loren. Chrissi kam aus dem Staunen nicht mehr raus. In jedem Café, das sie passierten, saßen junge Männer und Frauen, die offensichtlich keine Sorgen kannten und mit der Sonne um die Wette strahlten. Und dahinter lag das Meer, blau und still. Chrissi war wie hypnotisiert von dem Anblick. Vassili schlug vor, nachmittags schwimmen zu gehen. Chrissi wurde etwas nervös bei dem Gedanken, denn sie konnte, wie die meisten ihrer Freunde, nicht schwimmen. Im Dorf gab es weder Seen noch Flüsse, die dazu geeignet gewesen wären, es darin zu lernen. «Du kannst auch nur etwas planschen», zerstreute Vassili ihre Sorgen und ermutigte sie so, Kontakt mit dem Wasser aufzunehmen. Und so «schwamm»

Chrissi im Alter von 18 Jahren zum ersten Mal im Meer. Sie war so begeistert davon, dass sie unbedingt eine Flasche Meerwasser abfüllen wollte, um es zu Hause ihren Eltern zeigen zu können. Weder ihre Mutter noch ihr Vater hatten zuvor echtes, blaues Meerwasser gesehen. Als die Flasche volllief, war die Enttäuschung groß. Das Meer in der Flasche war nicht blau, sondern sah wie ganz gewöhnliches Leitungswasser aus. Sie verfluchte die Tatsache, dass sie nicht wirklich schwimmen konnte, denn weiter draußen sah das Meer noch viel blauer aus. Dort ginge es sicher besser. Sie befahl ihrem Schwager, hinauszuschwimmen, doch auch er kam nur mit einer Flasche klarem Wasser zurück an den Strand. Es war zum Verrücktwerden. Keiner würde ihr glauben, dass das Wasser im Meer blau war. Und trotzdem war die Erinnerung an diese Farbe, den Sand und das Geräusch der Brandung das schönste Mitbringsel, das sie von dieser ihrer ersten Reise hatte, und etwas, das sie in ihren Tagträumereien immer wieder heraufbeschwor. Dass sie auf Jahre hinaus nur das Steinhuder Meer zu sehen bekommen würde, konnte ja keiner ahnen, denn:

Monatelang hatte Christos sich mit dem Gedanken gequält und in seinem Laken hin und her gewälzt. Die lautstarken Grillen halfen weder beim Einschlafen noch bei der Frage, wie er es seinen Eltern sagen sollte. Tschüs. Ein Bericht in der Tageszeitung hatte ihn schließlich nicht mehr losgelassen, ein schwarzweißes Foto aus Deutschland hatte es ihm angetan. Es zeigte eine Fußballmannschaft von Gastarbeitern, so wurden sie in dem Artikel genannt. Kräftige Männer aus Thessaloniki, allesamt Mitte zwanzig. Ihre Trainingsjacken hatten sie halb offen stehen, damit man auch ja ihren Haarwuchs im Ausschnitt der Unterhemden sehen konnte, er glänzte in der Sonne wie das Fell einer Katze. So posierten sie auf einer Wiese vor einem mehrstöckigen Hochhaus, links neben einer großen Wäschespinne. Ein Arbeiter saß auf einem Yamaha-Motorrad, natürlich ohne Helm, wie in der Heimat. War ja ein Grieche in Deutschland, der ganz genau erkannt werden wollte. In der Bildunterschrift war die Rede von einem Monatsgehalt, das Christos' Verdienst über Nacht verzehnfachen würde. Nach seiner Entlassung war es also Zeit für das Freilos, bevor noch mehr Zeit verging. Christos konnte es im langsamsten Bahnhof des Landes plötzlich nicht schnell genug gehen, die Stadt für immer zu verlassen. Am Schalter kaufte er sich von seinem Ersparten heimlich eine Fahrkarte für eine einfache Fahrt über Zagreb, Wien, München, Hannover bis nach Quakenbrück.

Christos' Eltern waren alles andere als begeistert (und begleiteten ihn später nicht mal bis zum Bahnsteig), als er das erste Mal vage von seinen Reiseplänen berichtete. Maria, seine Mutter, beendete die Diskussion einfach mit ihrer berühmten Sirene. Ihr Aufschrei war eine Mischung aus purer Freude, wie sie südländische Fußballreporter bei einem Torschuss zelebrieren, und schierer Verzweiflung. Dabei war es völlig egal, ob sich eine Schlange im Gemüsegarten sonnte oder mal wieder ein Verwandter an Krebs erkrankte und verstarb. Egal, denn wie immer war Tante Eleni in der Nähe, nahm sie in den Arm wie nach Kriegsende und stimmte das gleiche Lied an.

«Komm ja nicht wieder» waren die letzten Worte von

Christos' Vater, der ihn in den folgenden Wochen immer wieder mit strengem Blick auf den nächsten vor der Haustür abfahrenden Bus aufmerksam machte und dann aufstand, um in ein Kafenion zu einer weiteren Diskussion mit seinen Freunden aus der Nachbarschaft zu verschwinden, bis Maria unter Tränen das Abendessen aufgetragen hatte und er sich an den fertig gedeckten Tisch setzen konnte – um dort stumm weiterzugrollen.

Christos' einzige Verbündete für die Expedition in das eiskalte Deutschland war also Chrissoula. Das Ehepaar Zervakis schwor sich in diesen Tagen: Egal wie schlimm das Leben im Norden auch wird, wir werden immer zusammenhalten. Ohne Siri, Google Maps und einer Übernachtungs-App in der Hosentasche machte sich Christos auf den Weg, ausgestattet mit 25 000 Drachmen, was damals ungefähr 150 D-Mark waren. Die Scheine waren gut verstaut in seinem Kulturbeutel – im Waschlappen eingenäht. Der zusammengefaltete Zettel, auf dem der Ortsname Quakenbrück stand, war in der Schachtel mit Rasierseife versteckt. Christos' Cousin hatte ihm den Zettel bei seinem letzten Besuch in der Heimat beim Kaffeetrinken zugeschoben. Seit er mit seiner Familie nach Bremerhaven ausgewandert war, wurde er von seinen Eltern im Heimatdorf wie ein Aussätziger behandelt, der an einer hochansteckenden, unheilbaren Viruskrankheit litt. Seine Briefumschläge mit Bargeld nahm die Familie aber auch ohne Handschuhe entgegen.

Chrissi war inzwischen Anfang zwanzig, träumte noch immer vom Meer, der Stadt – und von einem Studium. Ihre erste Ausbildungsstation sollte, drei Monate nachdem Christos in Deutschland angekommen war, stattdessen eine Fahrradfabrik in Quakenbrück werden. Die Göttin der Lebensweisheiten hatte aber auch dafür eine Erklärung, die unser weiteres Leben bestimmen sollte. «Das Leben lehrt dich mehr als die Schule.»

Erste Lektion: Stillgestanden. Bei dem kühlen Empfang in Deutschland blieb Chrissi auch gar nichts anderes übrig: 17 Grad und Nieselregen mitten im August. Der deutsche Sommer fühlte sich an wie die griechische Unterwelt. Trotzdem ließ sie den Kopf nicht hängen und marschierte mit geradem Rücken durch das Kasernentor, hinter dem ihre erste Unterkunft in der Bundesrepublik lag. Vorbei an einer schwarz-rot-goldenen Fahne, die am Mast hing wie ein nasser Putzlumpen. Genauso schlapp fühlte sich auch die Gruppe von 20 Griechinnen bei der Ankunft in ihrem neuen Quartier. Einen Tag lang hatten die jungen Frauen bei der Ausländerbehörde Formulare unterschrieben und sich ununterbrochen Vorträge in einem für sie ungewohnt strengen, germanischen Ton angehört. Es ging um wichtige Regeln: Wo genau Fußgänger die Straßenseite überqueren durften und bis wann sie den Neuschnee auf dem Bürgersteig zu entfernen hatten. Viel mehr allerdings hatten sie dort nicht gelernt. Von jetzt an mussten sie sich selber durchfragen, zum Beispiel bei Andreas, dem griechischen Vorarbeiter und Gastarbeiter-Veteranen. Er war mit einer Deutschen verheiratet und kümmerte sich liebevoll wie ein Streetworker um die Neuankömmlinge in der Fahrradfabrik, wenn sie in den ersten Monaten mal wieder etwas falsch verstanden hatten. Keiner sonst nahm sich damals die Zeit, ihnen diese komplizierte Sprache richtig beizubringen. Woher sollten sie wissen, warum es manchmal die Leiter und ein anderes Mal der Leiter war? Oder das Steuer und die Steuer?

Trotz aufwendigen Umbaus hatte sich am Innenleben der ehemaligen Bundeswehrkaserne wenig geändert. In jedem Zimmer standen fünf Stockbetten und zehn Spinde. Chrissi legte sich sofort auf die erste freie Matratze und zog die raue Bundeswehrdecke über die Beine. Wenigstens würde sie hier nicht erfrieren. Sie starrte den Lattenrost über ihrem Kopf an und war froh, nicht oben schlafen zu müssen. Sie hatte viel zu viel Angst, in der Nacht aus zwei Meter Höhe aus dem Bett zu fallen, obwohl ihre Mitbewohnerinnen schon weiche Flokatiteppiche aus ihren Koffern gezogen und auf dem Linoleumboden ausgelegt hatten, damit die kühlen Räume etwas südliches Flair bekamen. Auch die gehäkelten Tischdecken aus der Heimat waren schnell verteilt, ebenso die Götzenbilder an der Wand. Nachdem sie ihre dünnen Baumwollkleider und Röcke eingeräumt hatte, besuchte sie den Gemeinschaftswaschraum am Ende des Flurs. Die Spiegel waren für die kleinen Frauen aus Griechenland viel zu hoch gehängt worden, so immerhin blieb ihr der Anblick ihrer dunklen Augenringe erspart. Auf den Gängen und in den Zimmern roch es überall nach Putzmittel. Die Sauberkeit der Deutschen fand sie sympathisch, mit der Pünktlichkeit tat sie sich dagegen anfangs schwer. Um fünf Uhr klingelte der Wecker, damit alle geschlossen um Punkt 6 Uhr die Kaserne verlassen konnten. Pünktlich um 17 Uhr heulte die Werkssirene laut auf, und die Gastarbeiter fuhren mit dem Bus nach Hause. Die Frauen kochten am Abend für die Mittagspause vor und schnippelten

Gemüse in große Aluminium-Töpfe, wie sie sonst nur in Jugendherbergen oder bei einer Freizeit auf dem Campingplatz zum Einsatz kommen. Die deutschen Kartoffeln waren knallgelb und sehr lecker, das Gemüse schmeckte dagegen eher fad. Außerdem fehlte Olivenöl im Supermarkt. Statt mit Knoblauch wurde in der Küche mit Maggi gewürzt. Beim Mittagessen rätselten die Neuankömmlinge, warum die Petersilie kraus war und nicht glatt. Die einzige Erklärung, auf die sie in diesem Sommer kamen: wahrscheinlich wegen der Kälte. Aber das war nicht die einzige mehr oder weniger deutsche Spezialität, mit der die Neuen konfrontiert werden sollten: Als Willkommensgruß gab es nämlich einen Präsentkorb mit Schokolade, Pralinen, Schinken – und Früchten. Unter anderem waren auch Bananen dabei. Chrissi war neugierig auf diese gelben Gurken, biss zum Nachtisch hinein – und spuckte alles gleich wieder aus.

«Was zum Teufel ist das? Das schmeckt ja widerlich. Wollen die mich gleich am ersten Tag vergiften?», fragte sie die anderen Frauen.

So lehnte sie in den ersten Monaten immer dankend ab, wenn ihr jemand in einer Pause diese furchtbare gelbe Frucht anbot. Zufällig beobachtete sie später ihre Arbeitskollegin Ingrid Berger dabei, wie sie die Banane, Lektion 2, schälte und genüsslich aß. Sie gab der Frucht eine zweite Chance, schälte sie nun auch – und war begeistert von ihrem süßen Geschmack. Von da an aß sie kiloweise Bananen und bekam von ihrer Vorgesetzten Ingrid den Spitznamen Äffchen verpasst.

Ingrid nahm sie am Ende ihres ersten Monats auch mit ins Lohnbüro und erklärte ihr, warum sie erst unterschreiben musste, bevor sie die Papiertüte mit Geld und einem Zettel darin annehmen durfte. Chrissi konnte ihr Glück, nachdem sie einen schnellen Blick in die Lohntüte geworfen hatte, kaum fassen und machte mit ihrer Freundin Maria nach Feierabend einen Umweg zu Karstadt. Dort relativierte sich die Freude etwas, als sie die Zahlen auf den Preisschildern lasen. Schließlich fanden sie aber doch etwas Hübsches in der Modeabteilung, bezahlten in bar und zogen sich zum Abendessen um. Es war endlich einmal so warm an diesem Abend, dass die Männer den Grill anwarfen und auf Bänken und Stühlen im Freien saßen. Auch Andreas war eingeladen, stellte allen seine Frau Claudia vor und war irritiert über den Aufzug von Chrissi und Maria, die mit Salatschüsseln um den Tisch gingen. «Habt ihr morgen Frühschicht, oder warum tragt ihr schon euren Schlafanzug?»

«Schlafanzug?» Chrissi und Maria schauten sich fragend in die Augen und senkten den Blick auf ihr vermeintliches Sommer-Outfit. Dann lachten sie laut los. Die preiswerten Oberteile waren tatsächlich Pyjamas. Immerhin mussten sie sich heute nicht mehr umziehen.

Kurz darauf revanchierte sich Ingrid und lud meine Eltern an einem Freitagabend zum Essen ein. Chrissi und Christos stellten sich extra einen Wecker, der sie daran erinnerte, pünktlich das Haus zu verlassen. Denn in Deutschland, das hatten sie ja schon gelernt, fällt die Stunde Gleitzeit bei Einladungen weg. Pünktlich um 16 Uhr öffnete Bernd Berger die Wohnungstür. Die Wohnung war sehr modern eingerichtet, statt Flokati zierte ein Perserimitat den Wohnzimmerboden. Ingrid hatte eine große Vorliebe für die Musik von Roy Black, der durch das Reihenhaus schmalzte. Und sie liebte Süßes. Es gab Sahnetorte, die mit knallroten Cocktailkirschen dekoriert war. In den starken Filterkaffee rührte sie reichlich Dosenmilch und Würfelzucker. Etwas später reichte sie noch selbstgemachten Eierlikörpuffer. Die Paare unterhielten sich so gut, wie es eben geht, wenn die Sprachbarriere höher als der gekachelte Wohnzimmertisch ist. Die Männer über Autos, die Frauen über die teuren Ado-Gardinen mit der berühmten Goldkante und die entsprechende Pflege. Chrissi fasste sich ein Herz und fragte Ingrid nach ihrer Frisur, die sich jede Woche änderte.

«Machst du Föhn auf eins, zwei oder drei?»

«Das macht Herrmann, mein Friseur. Und ich helfe mit Haarspray nach. Komm, ich zeig's dir.»

Ingrid holte eine große goldene Dose aus dem Bad.

«Nix für meine Kopf», lehnte Chrissi ab und erinnerte sich an ein Trauma ihrer Jugend. Sie musste gerade 18 geworden sein. Für die Feier hatten sie und ihre Freundin sich besonders schöne Frisuren überlegt: einen Hochsteck-Traum à la Brigitte Bardot. Einen geeigneten Kamm konnte sie sich bei ihrem Vater im Bad ausleihen. Aber Haarspray? Fehlanzeige. Deshalb mischten sie sich einen Festiger aus Zuckerwasser mit Zitrone. Die Mischung war super, auch als Schutz vor dem Meltemi. Der Sommerwind der Ägäis hätte ihre Haarpracht dank dieser Zauberformel niemals zerstören können. Zufrieden machten sie sich barfuß auf den Weg, um die Absätze auf dem holprigen Weg zu schonen. Bevor sie ihre Schuhe wieder anziehen konnten, mussten sie aber noch den überraschenden Kampf gegen ein Bienen- und Wespengeschwader überstehen. So schnell sie auch über die Schotterpiste rannten und sich dabei die Fußsohlen in der Mittagshitze verbrannten, die Verfolger waren nicht abzuschütteln. Am Ende gaben sich Chrissi und Sofia geschlagen und ihre Haarpracht auf: Brigitte Bardot hatte sich in eine Vogelscheuche verwandelt.

Ingrid verstand nicht viel von der Geschichte, deren Ende Chrissi hauptsächlich auf Griechisch erzählte. Da sie aber so ein ansteckendes Lachen hatte, fühlten sich alle gut unterhalten. Pünktlich um 18 Uhr gab es Abendessen. Fleischrouladen mit Gemüse, Kroketten und dazu eine kleine Schüssel Jägersauce. Innerhalb einer halben Stunde war alles verspeist und abgeräumt. Bernd servierte nach dem Essen noch einen weiteren Asbach Uralt, für die Damen gab es ein Gläschen mit selbstgemachtem Eierlikör. Um halb acht hatten Chrissi und Christos alle ihnen bekannten deutschen Vokabeln in jeglicher Kombination verwendet und das Gefühl, nichts mehr erzählen zu können. Eine merkwürdige Stille trat ein. Die Ehepaare verabschiedeten sich. So konnte Ingrid noch in Ruhe den Abwasch machen, damit sie bis zur Tagesschau in der Küche fertig war. In der Nachrichtensendung begrüßte der Sprecher Karl-Heinz Köpcke routiniert und gewohnt seriös die Fernsehzuschauer mit einem «Guten Abend, meine Damen und Herren». Danach folgte ein Beitrag über Armando Rodrigues, den einmillionsten Gastarbeiter in Deutschland. Der Portugiese bekam zur Begrüßung auf dem Bahnhof von Köln-Deutz ein Moped und einen Strauß Blumen geschenkt.

Am Montag erzählte Chrissi ihren Kolleginnen in der Mittagspause von der wunderschönen Wohnung und dem hervorragenden Essen:

«Alles lecker. Und wir hatten Fleisch mit Maus.»

«Igitt.»

Chrissi verstand die Welt nicht mehr. Die Kolleginnen drehten sich angewidert weg und begannen zu tuscheln. Die Frauen dachten daran, dass Ingrid und Bernd sich vielleicht einen schlechten Scherz erlaubt hatten, fragten noch mal nach und lachten, nachdem die Sache einmal aufgeklärt war, laut los. Tatsächlich gab es keine Rouladen mit Maus, sondern mit Mais.

1. KAPITEL

EIN FALL FÜR ZWEI

Über die ersten Jahre unserer Familie in Deutschland gibt es zahlreiche, einander widersprechende Versionen. Chrissi, die Göttin der Fabrik, erzählt die Mythologie der griechischen Gastarbeiter bis heute immer unterschiedlich, will aber keine dieser Varianten in einem Buch lesen. Hallo, Mama! Keine Ahnung, wie viele Fahrräder, Stifte und Schuhe tatsächlich durch ihre Hände gegangen sind. Bei der deutschen Rentenkasse ist nach der Station in Quakenbrück zumindest auch ein sozialversicherungspflichtiges Gastspiel an den Fließbändern von Geha und Pelikan in Hannover dokumentiert. Ohne den Fleiß von Chrissi hätte es in den 70er Jahren wahrscheinlich eine ganze Zeit lang überhaupt keine Schulbildung gegeben in Deutschland, wegen akuten Mangels an Füllfederhaltern für die Schüler. Mama schraubte nämlich den Pelikano mit Schönschreibfeder und Tintenpatrone zusammen und setzte am Ende die Aluminiumkappe auf das Schreibgerät aus blauem Plastik. Ich persönlich bevorzugte für meine Schulaufsätze immer das grüne Modell mit Reservetank von Geha. Der Schreibwarenhersteller war

Chrissis zweiter Arbeitgeber, bevor sie in die Schuhbranche nach Hamburg wechselte. Kugelschreiber waren damals aus irgendwelchen Gründen in deutschen Klassenzimmern verboten, warum auch immer. Wahrscheinlich hatten die Hersteller von Löschpapier die Schulbehörde bestochen, aus Angst, der Absatz von rosa oder blauen Einlagen in den Heften könnte einbrechen. Apropos Rosa und Blau: Zwischen Fahrradwerk, Füllerfabrik und Schuhhersteller sind auch drei Aufenthalte meiner Mutter im Kreißsaal des Mariahilf-Krankenhauses in Harburg dokumentiert. Chrissi und Christos hatten inzwischen also drei gesunde Kinder, lebten in einer Dreizimmerwohnung im Süden Hamburgs und bekamen Jahr für Jahr neue Arbeitsverträge – und damit ihre Aufenthaltsgenehmigung verlängert. Abends setzten sie sich erschöpft auf die Schonbezüge ihres ersten Sofas und verfolgten das Fernsehprogramm. Dort begegneten ihnen Jahr für Jahr die gleichen Gesichter, Kuhlenkampf, Carrell oder auch Dagmar Berghoff. Überhaupt hat meine Familie dem Medium viel zu verdanken. Danke an dieser Stelle an ARD und ZDF für euren Bildungsauftrag. Obwohl der Krimi am Freitagabend im zweiten Programm vermutlich von den Fernsehmachern am Lerchenberg nicht unbedingt für ein zehnjähriges Mädchen vorgesehen war, aber … Also vielleicht sollte ich mich an dieser Stelle lieber bei der Firma Berkemann bedanken – für die Spätschichten meiner Mutter. Chrissi fertigte Mitte der 80er in einer Fabrikhalle in Hamburg-Lokstedt diese Gesundheitslatschen. Deren schlichtes Design ist heute noch in Boutiquen im Prenzlauer Berg oder Brooklyn zu bewundern. Als die Beine Anfang der 1980er Jahre noch nicht rasiert waren, stolzierten viele Berkemann-Besitzer am liebsten von ihrem Bad im selbstausgebauten Dachgeschoss über die Fichtentreppe bis zur Terrasse aus Waschbeton. Damit beim Gang zum Wäscheständer nicht die gesamte Doppelhaussiedlung aufgeschreckt wurde, bekamen die modischen Holzsandalen von meiner Mutter noch eine Gummisohle angeklebt. Noch heute denke ich mit meinen Brüdern darüber nach, die ehemaligen Geschäftsführer von Berkemann vor das Kriegsverbrechertribunal in Den Haag zu zerren. In Wahrheit verstieß das flotte Schuhwerk der Friedensbewegung nämlich gegen das Kriegswaffenkontrollgesetz. Chrissoula musste die Sandalen nur einmal umdrehen, und schon entpuppten sich die feinmaschigen Gummisohlen der Pantoletten als übles Folterwerkzeug.

«Lindaaaaa?»

Mama war ohne Zweifel zu Hause. Und beim Versuch, ihren Energiehaushalt auszugleichen, hatte sie eine unliebsame Überraschung erlebt. Wie jeden Freitag.

«Mama?»

«Wo ist die Schokolade?»

«Nein, ich war es diesmal wirklich nicht ...»

«Was erlaube meine Fräulein. Warte, meine kleine Teufel ...»

Mit einem breiten Grinsen im Gesicht klopfte sich Christos auf den Oberschenkel und gab mit enthusiastischem Klatschen vom Sofa aus seinen Segen für die Verfolgungsjagd.

«Eine Klaps auf die Po mache Kinder froh.»

In unserer kleinen Dreizimmerwohnung gab es zum Glück nicht viele Möglichkeiten, Süßigkeiten zu verstecken. Leider gab es aber auch genauso wenige Fluchtwege für den Schokoladendieb. Ein Abseilen über den Balkon war im Hochhaus jedenfalls keine Option. Wir wohnten nämlich im Erdgeschoss, und diese Art des Aus-der-Affäre-Ziehens war daher viel zu profan. Der Weg zur Haustür war meistens abgeriegelt von den Einkaufstaschen voller Gemüse, die im Flur ein provisorisches Kühllager gefunden hatten. Und wenn man einmal draußen war, kam man nur schwer wieder rein: Irgendein witziger Nachbar hatte uns Sekundenkleber in das Türschloss geschmiert und seitdem klemmte es, unser Hausmeister Wolfgang Knaller aber war seit Wochen auf Kur. Dass er die nötig hatte, verwunderte niemanden: Die ehemals vorbildlichen Musterwohnungen für sozialen Wohnungsbau waren teilweise heruntergekommen, das Niveau sank mit jedem neuen Mieter. Die Folgen waren Schmierereien im Aufzug, Scherben im Kellergeschoss und überall Zigarettenkippen auf dem Boden – Wolfgang Knaller hatte gut zu tun.

Die ersten Mieter, die hier eingezogen waren, waren noch ordentliche Spießer und genossen voller Stolz ihre kleinen Mietwohnungen mit Blick über den Harburger Hafen. Ihre Balkone waren mit Geranien geschmückt, und auch im Winter hatten sie Plastikrosen in den Vasen und die bunten Blumen von Pril auf den Kacheln kleben. 68 Quadratmeter, 3 Zimmer, 428 DM Miete. Kalt. Wenn es unserer fünfköpfigen Familie zu eng wurde, hatten wir ja noch die Terrasse. Ein Paradies für Kinder, Pflanzen und Tiere. Mindestens einmal im Monat knallte eine Amsel oder Kohlmeise gegen unser Terrassenfenster. Entweder war das Tier sofort tot oder hatte mindestens eine schwere Gehirnerschütterung. Der Aufprall der Vögel war so laut, dass Iannis und ich uns immer zu Tode erschreckten. Als wir einmal nachsehen wollten, ob wir den Vogel retten konnten, blieben wir kreidebleich am Fenster stehen. Keine Taube oder Amsel, sondern Frau Wulf aus dem siebten Stock lag da in unserem Vorgarten mitten im Hagebuttenbusch. Nie wieder haben wir danach nach den Vögeln geschaut. Wie gesagt, das Klima war rauer geworden in den letzten Jahren. Arbeitslosigkeit, Ausländer, Alkohol. Viele Balkone dienten je nach Saison inzwischen nicht mehr für Blumenkübel, sondern als Altglascontainer, Kühlschrank oder wie bei Frau Wulf als vorletzte Station im Leben. Manchmal regnete es auch Bierdosen, Zigarettenschachteln, abgenagte Kotelettknochen oder büschelweise Katzenhaare. Zur Sommerfrische jedenfalls brauchte man den Balkon eigentlich kaum – selbst in den großen Ferien war es arschkalt zwischen den Betonwänden. Im Winter sparten wir uns die Heizkosten für die wenigen Stunden, die wir zu Hause verbrachten.

Nachdem Chrissoula mich also auf frischer Tat ertappt hatte, rannte sie wie ein aufgescheuchter Dorfpolizist durch die ganze Wohnung hinter mir her. Links hatte sie die leere Schokoladenpackung in der Hand, im Anschlag ihrer kräftigeren Rechten die beigefarbene Berkemann-Pantolette. Die herzliche Begrüßung zum Feierabend entwickelte sich schon fast zum Ritual. Nach zehn Runden um unseren Esstisch, laut fluchend und schnaufend, kippte erst ein Stuhl um und kurz danach die Stimmung. Vermutlich aus Atemlosigkeit. Zum krönenden Abschluss lagen wir dann meistens laut lachend auf dem Rücken und schnappten nach Luft. Genau diesen heiteren Moment nutzte Chrissoula schamlos aus. Im Aufstehen knallte sie mir doch noch schnell das Profil der Pantolette auf den Oberschenkel oder den Hintern. Gemein. Aber über das Strafmaß gab es eben keine Debatten im Hause Zervakis. Im Zweifel auf die Angeklagte. Klatsch.

Papa war ein ausgezeichneter Koch. Ich liebte sein Stifado mit weichgekochten Kartoffeln sehr. Als gut erzogenes Mädchen sorgte ich deshalb gerne für den Nachtisch vor dem Fernseher. Das ging aber nur freitags, wenn Mama noch arbeitete. Christos experimentierte dann gerne in der Küche und schenkte sich einen Metaxa ein, ohne dass der Inhalt der Flasche sichtbar abnahm. Mit Ouzo war der Trick vergeblich, weil das Auffüllen mit Wasser eine weiße Substanz auf seinen Lieblingsschnaps zauberte, die aussah wie fettarme Milch. Ähnlich wie Papa versuchte ich also, meine Spuren am Wohnzimmerschrank zu verwischen.

Während Mama ihren strengen Blick für die Endkontrolle in der Spätschicht bei Berkemann einsetzte, konnte ich unbeobachtet ein paar Schogetten gegen Lego-Steine tauschen. Weil bei uns das Haushaltsgeld in der Regel schon Mitte des Monats ausgegeben war, zählte Schokolade von Penny zu den streng rationierten Luxusgütern. Moralisch hatte ich keine Bedenken, schließlich wollte ich meinem großen Bruder das schwere Leben in Deutschland doch nur versüßen. Chari nahm die Schokolade gerne an, blinzelte mir zu und schaltete um. Alles andere über Anstand und Moral lernten wir an diesen Freitagen gemeinsam von Claus Theo Gärtner. Unser Held hörte auf den Namen Josef

Matula. Ein deutscher Macho und Privatdetektiv in der ZDF-Krimiserie «Ein Fall für zwei». Papa war besonders von Matulas weißem Alfa Romeo angetan, einem südeuropäischen eleganten Sportwagen. Christos' Augen glänzten bei jeder Verfolgungsjagd. Der Alfa war viel spritziger und wendiger als beispielsweise der Opel Senator von Schauspieler Günther Strack. Keine Frage, wer hier auf der Straße die bessere Figur abgab. Der Anwalt mit dem dicken Bauch war es jedenfalls nicht. Während ich mich vor den Kriminalfällen gruselte, schaute Chari «Ein Fall für zwei» am liebsten in seiner Kunstlederjacke an. Für mich war das irgendwie ein beruhigendes Gefühl, direkt neben einem Ermittler zu sitzen. Bis heute hat er eine Leidenschaft für Uniformen und Pistolenhalter.

Dafür war wahrscheinlich auch Onkel Günther verantwortlich, eine Art Vaterersatz und Vorbild für Chari. Weil unsere Eltern frühmorgens ihr Geld am Fließband verdienen mussten, klingelte Chrissoula schon kurz nach sechs bei unserer deutschen Tagesmutter, Tante Toni, und gab uns dort ab. Toni und Günther wohnten nur ein paar Häuser weiter und waren zu Ersatztageseltern geworden, als Toni meine weinende Mutter eines Tages zufällig an der Bushaltestelle traf. Bis heute bin ich mir sicher, dass sie bei ihrem ersten Treffen kein Wort verstanden und Chrissoula quasi blanko auf ein Stück Schwarzwälder Kirschtorte eingeladen hat. Weil die Verständigung schwierig war (und bis heute geblieben ist), hat meine Mama ihr Leid einfach auf Griechisch geklagt – und als Antwort genau das gehört, was sie hören wollte. Wir wurden fortan also vor der Arbeit gekämmt und gebürstet bei Tante Toni abgegeben und im Dunkeln, mit vollen Ranzen und Bäuchen, wieder abgeholt.

Ich habe mich von Anfang an wohl gefühlt in diesem warmen, gemütlichen Nest. Tante Toni war Mitte vierzig, hatte schon zwei volljährige Kinder und war deshalb eine sehr erfahrene Mutter mit einer modernen Frisur. Sie trug ihr kurzes Haar stets akkurat und war auch sonst in meinen Augen immer top gestylt in ihren fersenlangen Röcken mit Schottenkaro, die sie mit einem dunkelblauen Cashmere-Rolli kombinierte. Die edlen und weichen Pullover kaufte sie in den teureren Geschäften der Harburger Innenstadt ein. (In der Lüneburger Straße gab es damals noch keine 1-Euro-Shops, Videotheken und auch keine Handy-Hüllen zu kaufen.) Tante Toni ging stattdessen zu «Raczka» und spendierte mir Schuhe von Salamander oder Elefanten. Ich freute mich auf jeden einzelnen Besuch bei «Raczka», weil es dort ein tolles Kinderkarussell gab. Es bestand aus einem roten Auto, zwei Fahrrädern und einer blauen Rakete, auf die ich mich am liebsten setzte. Tante Toni war das, was man damals eine klassische Hausfrau nannte. Ihre herzensgute Art machte sie für mich schnell zum drittliebsten Menschen auf der ganzen Welt. Ihr Mann, Onkel Günther, war Polizist und wirkte in Uniform und mit seinem Schnauzer vielleicht etwas streng, eine Art Waldi Hartmann mit Autorität. Wenn er sich aber nach Feierabend mit gestreiftem Hemd und Wollpullunder an den gedeckten Tisch setzte, war er genauso liebenswert wie Tante Toni. Fast wie bei einem Schüleraustausch lernte ich ganz schnell eine fremde Kultur und deren Errungenschaften kennen und schätzen. Dazu gehörten zum Beispiel die leckeren Trüffel-Pralinen, Krabbenfleisch auf Schwarzbrot und auch die Chipsletten in der Tonschüssel, die beim Kniffeln auf dem Wohnzimmertisch standen.

Obwohl ich mich bei Tante Toni sehr wohl fühlte, war meine Mutter nie neidisch auf unser Verhältnis, sondern einfach nur überglücklich, dass ihre Kinder in guten Händen waren. Sie freute sich, wenn sie uns abends auf dem Sofa vor dem Fernseher vorfand, nachdem uns Papa bei Tante Toni abgeholt hatte.
«Habt ihr gut gegessen, meine Kinder?»
«Meinem Schatz ist doch bestimmt kalt?»
«Morgen bekommst du Hühnchen oder Schwein oder beides ...»

Dieser griechische Dreisatz war die eigentliche Standardbegrüßung von Mama, nicht die Pantolettenjagd. Die war für Freitage reserviert.

Auch samstags gehörte der Fernseher der Familie. Wir profitierten vom Verhandlungserfolg der Gewerkschaft. Die deutschen Fabrikbesitzer schenkten uns am Wochenende Mama und Papa. Und die belohnten uns mit dem deutschsprachigen Unterhaltungsprogramm: «Sendung mit der Maus», «Hallo Spencer» oder abends auch mal «Klimbim». Wir ließen keine Lacher aus. Dabei bekamen wir nicht nur Nachhilfe, was den deutschen Humor anging. Chari und ich wurden auch aufgeklärt. Zum Beispiel in unserer Lieblingssendung «Formel Eins» mit Ingolf Lück oder Stefanie Tücking. Wir waren begeistert von dieser Parallelgesellschaft, die statt Cordhosen mit einem Flicken lieber eine Jeans mit einem Loch auf dem Knie trug. Dafür ließ auch Chrissoula einen Augenblick ihre Wäsche auf dem Bügelbrett zurück und setzte sich mit einem Waschkorb und jeder Menge bunter Socken zu uns auf die Couch. Während sie geschickt die Socken mit ihrer flachen Hand bügelte und im Handumdrehen wie ein nagelneues Paar aus dem Kaufhaus zusammenlegte, kommentierte sie jedes Outfit in einem neuen Videoclip wie eine Modebloggerin in Echtzeit.

«Schöne Haar», schwärmte sie über die neue Dauerwelle von Sandra. Ihre weiße Bluse im Knitterlook fiel dagegen durch: «Hast du keine Geld für Bügeleisen?» Zu späterer Stunde, wenn meine Brüder und ich schon auf dem Sofa lagen, rückte Mama wieder zu uns, um den Tag mit den letzten Minuten von «Wetten, dass..?» zu beschließen. Thomas Gottschalk stritt mit seinen Gästen dann meist darüber, welcher Prominente seinen Tag auf dem Platz neben Uschi Glas ausklingen lassen durfte. Am Ende nahm sie zwischen John Travolta und dem gutgelaunten Showmaster Platz. Die anderen wurden mit Gummibärchen abgespeist. «Schöne Anzug», lobte Chrissi den dunklen Zweireiher, den Gottschalk ganz seriös mit schwarzer Krawatte trug. «Habe bei letzte Sendung gesagt, du schaust aus wie Papagei. Hat sich gemerkt, mein Freundchen.» Uschi Glas kam mit ihrer neuen Frisur dagegen nicht so gut weg. «Wieso sie hat Haare bunt?»

Auch für uns wäre es am darauffolgenden Wochenende wieder an der Zeit, sich besonders hübsch zu machen. Dann stand nämlich der wichtigste Feiertag des Jahres an. Das griechische Osterfest oder auch «das große Lamm-Massaker», wie Chari noch heute das Ende der Fastenzeit nennt. Da könne man auch mal viere gerade lassen, wie meine Mutter gerne sagte. Weil es für meine Mama keinen staatlichen Sprachkurs zur besseren Integration gab, war Chrissoula eben ihre eigene Lehrerin. Und zwar eine besonders liebenswerte. Die manchmal doch sehr strenge germanische Sprache verfeinerte sie mit ihrer eigenen griechischen Note und entwickelte dabei sehr komische neue Sprichwörter, über die ich mich immer wieder freute. Einige davon sind druckreif für eine Wanderausstellung im Völkerkundemuseum: «Wer anderen eine Grube gräbt, ist selber schuld.»

2. KAPITEL

EIN LAMM FÜR ALLE FÄLLE

Wie es das Schicksal mit meiner griechischen Familie in Harburg wollte, war der erste Hinweis auf ihre Zukunft unter den vielen Mahnungen und Formularen des Bezirksamtes versteckt.

Chari hatte als Familienarchivar die dankbare Aufgabe, Mama und Papa die Schreiben von den Stadtwerken und der Ausländerbehörde aus dem Amtsdeutschen ins Griechische zu übersetzen. «Warum soll ich bezahlen für Schnee auf die Straße machen wieder weg, wenn ich gar nicht bestellt habe?», insistierte Chrissi. Kein leichter Job also. Besonders viel zu tun aber bekam er nach Papas Entlassung bei Phoenix. Drei Jahre lang hatte er aus Schaumstoff Stoßstangen für den Ford Capri produziert, und noch immer träumte er davon, in einem amerikanischen Sportwagen mit der Familie in die Heimat zurückzukehren. Der Lohn reichte aber nur für ein Leben ohne jeden Luxus, deshalb wechselte er die Abteilung und sorgte zwei Jahre lang per Knopfdruck dafür, dass in Deutschland alle warme Füße hatten: die Moonboots aus Nylon und Polyurethan waren in Mode, und Phoenix fuhr Sonderschichten dafür. Als sie out waren, war auch Christos draußen und seine Zeit bei Phoenix vorbei. Warum er nicht wieder Stoßstangen fertigen durfte, hatte er bei seiner Kündigung nicht so genau verstanden. Der Betriebsrat erzählte ihm irgendetwas über eine Klage, Qualifikation und Betriebszugehörigkeit. Am Ende des Gesprächs schickte er ihn mit diversen Umschlägen aus dem Büro. Auch seine Arbeitskollegen Pablo, Matteo und Hakan hatten überraschend ihre Papiere bekommen und investierten ihre Abfindung spontan in flüssiges Gold. Auch Christos ließ sich nach der letzten Schicht volllaufen.

«Heute bleibt die Küche kalt, ich komme aus dem Wienerwald», lachte Papa und brachte uns zur, hm, Feier des Tages eine große Tüte mit kalten Pommes und Hähnchenschenkeln mit. Wir durften sie zu unserer Überraschung vor dem Fernseher essen. Peter Weck und Thekla Carola Wied hätten das in ihrem großen Haus sicher nicht erlaubt, waren aber ohnehin gerade in eine komplizierte Angelegenheit rund um das Meerschweinchen «Bommel» verstrickt.

Am nächsten Tag war Papas gute Laune ausgeflogen, wie Mama sehr richtig feststellte. Dafür brachte er uns in die Schule, beichtete aber Chrissi anschließend unter Tränen, dass der Sommerurlaub ausfallen müsse. «Warum reparierst du nicht wieder Autos?», fragte sie ihn. Kaputte Volkswagen mussten doch schließlich auch in der Wirtschaftskrise wieder fahren, notfalls auch zum Arbeitsamt. Sie ermutigte Papa, seinen alten Beruf aufzunehmen. «Ich werde die Abfindung in eine eigene Werkstatt investieren», verkündete Christos später voller Stolz, während er sich vor dem Spiegel mit durchgestrecktem Rücken die Haare nach hinten kämmte. Die tadellose Frisur hinterließ bei den Beamten leider weniger Eindruck als bei Papas Probe in unserem Flur. Ohne deutsche Handwerksausbildung und Meisterbrief spielte die Handwerkskammer einfach nicht mit. Ein halbes Jahr lang öffnete Christos frustriert Briefe, unterschrieb Formulare und dackelte von Büro zu Büro. Vom Arbeitsamt folgte der Abstieg zum Sozialamt. Hier traf er auf die immer gleichen Gestalten: blasse Männer mit weichem Händedruck, die bürokratisch, pingelig und unbestechlich waren. Der erste Eindruck war zwar immer großzügig, und er bekam lauwarmen Früchtetee aus ihren Thermoskannen angeboten, leider aber keine neue Arbeit. Und schon gar keine Genehmigung für seine eigene Werkstatt. Am Ende verschwand sein persönliches Schicksal in einem Hängeregister und verstaubte, abgelegt unter dem Buchstaben Z.

Christos machte sich deshalb große Sorgen, die befristete Aufenthaltsgenehmigung zu verlieren und mit uns Kindern das Land und vor allem die Schule verlassen zu müssen. Wir sollten es doch besser haben, und eine gute Ausbildung war in Deutschland auch ohne Schulgeld möglich.

Umso erfreulicher war, dass sich nach einem harten Winter ein neuer Mietvertrag in der Post fand. Und das kam so:

Otto war der Schnaps-König bei uns im Viertel und hatte mit seinem Kiosk nach Ladenschluss die Hoheit darüber, die süchtigen Nachbarn mit Stoff zu versorgen. Außerdem war sein Kiosk eine sehr kleine Spielhölle, in der sich von Zeit zu Zeit eine feste Skatrunde zusammenfand, zu der Otto selbst, sein Kumpel Helmut, Dr. Schnabel, der Grieche ehrenhalber, und mein Vater gehörten. Helmut war so etwas wie Ottos Schatten und stand immer dort, wo sein Saufkumpel auch gerade mit einer Flasche Bier auftauchte. Beide hatten eine ziemliche Wampe, rote Gesichter und, je nach Uhrzeit, rote Nasen. Nur die Haarfarbe unterschied sie. Otto kämmte sein silbernes Haar zu einem Seitenscheitel. Helmut war Frührentner und hatte auch mit Ende 50 noch rotblonde Locken und einen Schnauzer. Obwohl Otto und Helmut nicht müde wurden, davor zu warnen, dass Ausländer ihre Arbeitsplätze vernichteten, war Christos bei ihnen von Anfang an beliebt für seine herzliche Art.

«Ihr Griechen seid schon klasse Typen. Nur Skat spielen könnt ihr nicht. Aber das bringen wir euch auch noch bei», kommentierte Otto die ersten Versuche meines Vaters, der eigentlich viel lieber Backgammon spielte. Bei einem dieser Abende bot Otto Christos an, seinen Kiosk zu übernehmen. Was zunächst nach einer Schnapsidee klang, entwickelte sich tatsächlich zu Christos' erster Selbständigkeit im Ausland. Endlich konnte Papa seinen großen Traum verwirklichen und ein eigenes Geschäft machen. Nie wieder sollte die Stechuhr seinen Lebensrhythmus bestimmen. Die Behörden hatten keine Einwände gegen die Kioskübernahme. So stand es in einem weiteren Brief, den Chari mehrfach prüfte.

Durch den Verkauf des Kiosks an einen Gastarbeiter

hatte Otto seinen Arbeitsplatz tatsächlich an einen Ausländer weitergegeben. Kein schlechtes Geschäft.

Der neue Geschäftsmann schaute noch etwas irritiert in die strahlenden Gesichter seiner Familie, bis Chrissoula ihm das Schreiben aus der Hand riss, die Unterschrift kritisch prüfte und tief durchatmete.

«Dann können wir ja zwei Mucken mit einer Fliege klatschen!»

«Hä?»

«Wir feiern Ostern mit alle Nachbarn und eröffnen unseren eigenen Laden. Werbung, verstehst du?»

«Mama, wir machen doch jetzt bitte keinen Imbiss auf. Ich will nicht den ganzen Tag nach Pommes stinken!»

Chari rümpfte die Nase.

«Nix Imbiss, meine Junge. Papa grillt Lamm für Ostern. Und wir machen unseren Kiosk auf. Danach verkaufen wir Seife, Klopapier, Schnaps. Braucht hier jeder, jeden Tag. Ohne Fleiß kein Reis.»

Papa nickte den Businessplan ab, lange genug hatte er mit Mama darüber diskutiert. Seit er sich nach seiner Entlassung mit Otto und Helmut zum Kartenspielen getroffen hatte, war er von der Idee nicht mehr abzubringen. Ohne Ausbildung bekam er einfach keinen neuen Job mehr angeboten, dieser hier lag vor der Tür. Jetzt musste er nur zugreifen. Otto wollte sobald wie möglich in Rente, aber weiterhin Bier im eigenen Kiosk trinken, nur eben auf der anderen Seite des Tresens. Die Höhe der Abfindung, die Christos ihm nach Rücksprache mit Chrissi vorgeschlagen hatte, hörte sich für ihn attraktiv an, und irgendwie fand er Christos auch sympathischer und zuverlässiger als alle Trunkenbolde in der Nachbarschaft zusammen, die sich als würdige Nachfolger bereits mehrfach disqualifiziert hatten.

Dies allerdings war nicht die einzige Nachricht, die sich an diesem Tag in unserem Briefkasten fand.

Zwischen der Post vom Finanzamt, den Mahnungen der Stadtwerke und einem Brief aus dem Polizeipräsidium lag noch ein Schreiben mit unseren Lieblingsfiguren aus dem Werbefernsehen, adressiert an die ganze Familie.

«Was wolle diese Mainzelmännchen?», fragte Chrissoula und wedelte mit dem Brief vom ZDF. Chrissoula verstand nur Bahnhof und reichte das Papier weiter an Chari, der dafür extra seine Brille mit dem Strickpulli reinigte – eine Ehre, die nicht jeder Korrespondenz zuteilwurde. Beim ersten Durchlesen grinste er breit, beim zweiten kippte er fast vom Stuhl.

«Mama, das Fernsehen will uns besuchen!»

«Wieso, ist doch jeden Abend da?»

«Wir sollen in einem Film mitspielen ...»

«Casablanca oder eine von diese andere schreckliche Kriegsfilme?»

«Feste Feiern mit ausländischen Mitbürgern! Sie wollen uns an Ostern besuchen und einen Film drehen. Dr. Schnabel hat uns empfohlen. Die haben schon versucht, mit Papa zu telefonieren.

«Chriiiiistooooh?»

Papa war mit dem Mietvertrag in der Küche verschwunden und genehmigte sich bereits einen Drink. Nebenbei versuchte er mit Oregano, Knoblauch und Olivenöl Rindfleisch aus der Dose zu veredeln.

«Na gut», seufzte Chrissoula, hob die Schultern an

und rief uns ein entschlossenes «Dann muss ich eben etwas mehr einkaufen für unsere Mainzelmänner ...» zu.

«Gud'n Aaabend», antworteten wir im Chor, jubelten laut und bereiteten uns mental auf die große Lamm-Gala vor. Bis zum Olymp mussten wir noch durch ein Tal der Tränen, denn so sieht es die griechisch-orthodoxe Religion vor, bevor der Pope zum Abschluss der Karwoche für die treue Gemeinde den Segen spricht:

«Christos Anesti, Jesus ist auferstanden.»

«Kalo Pas-cha, Frohe Ostern!»

Oder frei übersetzt: All you can eat.

Während die Generation «Brigitte» das ganze Jahr über in kleinen Portionen Tipps zum Fasten serviert bekommt, zogen wir das Programm radikal in sieben Tagen durch. Vom kalten Schweinekotelett-Entzug zum krassen Veganer über Nacht. Vom Hungerstreik bis zum Rückfall mit Fress-Flash.

«Darf ich noch eine BiFi, Mama?», bettelte Chari wie ein ausgehungerter Straßenköter an der offenen Kühlschranktür.

«Ochi Kakomiri mou, mein Freundchen», blaffte Chrissoula in ihrer orthodoxen Art zurück und scheuchte ihn weg.

«Aber BiFi Peperoni ist doch vegetarisch?», versuchte es Schweinchen Schlau erneut.

«Keine Milch, keine Butter, keine Wurst.» Das Fleischembargo war auch nicht mit Trick 17 zu unterlaufen. Während andere Religionen mit Irish Coffee oder Maultaschen ihrem Gott etwas vormachten, erlaubte uns der Heilige Vater ab Mitte der Karwoche nicht mal mehr einen einzigen Tropfen Olivenöl zum Essen. Schrecklich, diese Barmherzigkeit. Und ausgerechnet zum Finale der Leidenszeit stand der Kamerawagen des ZDF vor der Tür. Edi und Fritzchen kamen aber nicht persönlich vorbei, sondern klebten leider nur als Reklame an der VW-Bus-Tür. Weniger lustig als die beiden Mainzelmännchen waren Norbert Gerwald, der Redakteur der Sendung, und sein Regisseur Christoph Busen. Gerwald sprach lieber mit seinen Kameraleuten als mit uns, legte sein Cordsakko auch bei über 20 Grad nicht ab und war insgesamt zugeknöpft, introvertiert und schwer nikotinabhängig.

Auch Busen war ein schräger Dokumentarfilmer. Er beobachtete uns meist mit verschränkten Armen und versteckte seine grauen, buschigen Augenbrauen hinter einer Pilotenbrille. Wenn er einen Blick durch die Kamera warf, mahlte er dabei so auffällig mit seinen Kiefern, als ob er einen neuen Werbespot für Wrigley's Spearmint drehen würde.

Stattdessen drehte sich alles um unser Lamm. Und der Mann, der an diesem Ostersonntag den Spieß zubereitete, war der beste Gastgeber auf dem Planeten. Nicolas Cage hätte die Rolle von Christos nicht annähernd so cool gespielt. Papas weißes Hemd war oben leicht aufgeknöpft. Unten spannte es genau so, wie es spannen muss, damit ein Bauch eben noch sexy aussieht. Besonders stolz war er auf den Trick, bei leichter Rückenlage genug Abstand von der Feuerstelle zu haben, ohne dass dadurch seine Kippe im Mundwinkel in Flammen aufging. Die linke Hand brauchte er, damit keine Asche auf seine schwarze Bundfaltenhose oder seine schwarzen Slipper fiel. In der rechten Hand hielt er seinen Feuerlöscher. 0,33 Liter der Marke Astra wurden beim Bedienen der Kurbel zwischen Ringfinger und kleinem Finger eingeklemmt, ohne dabei auch nur einen Tropfen zu verschütten. An der selbstgebauten Feuerstelle war es richtig heiß. Durch die Hitze und den Schweiß fiel Christo, trotz des Einsatzes einer halben Tube BRISK-Frisiercreme, immer wieder eine Haarsträhne ins Gesicht. Christoph Busen fand großen Gefallen an dem Missgeschick. Er hielt immer dann die Kamera auf den griechischen Grillmeister, wenn dem das große Kunststück gelang, neben Bierflasche, Kippe und Lamm auch noch einen kleinen Kamm aus der Brusttasche zu zaubern und die Frisur zu retten. Die Hauptrolle war also vergeben. Unsere Nachbarn waren die Statisten, die sich über die Einladung sehr freuten. Außerdem waren Tante Irini und Onkel Giorgos aus Hannover gekommen, in deren Kofferraum eingelegtes Fleisch, selbstgemachter Tsatsiki und Zitronenkuchen darauf warteten, mitspielen zu dürfen.

An Christos' Seite spielte Chrissoula die perfekte Gastgeberin.

«Nimmst du eine Melidsana, Helmut!», forderte sie unseren Nachbarn zum Verzehr der Vorspeise heraus und klatschte ihm eine gegrillte Aubergine auf den Pappteller.

«Eine was?», drehte sich der Frührentner leicht angewidert zu seiner Frau Anneliese, die Mamas Schichtleiterin in der Schuhfabrik Berkemann war, biss dann aber doch beherzt zu, um nur ganz kurz darauf eine Grimasse zu ziehen, die nach Fleisch schrie. «Schmeckt doch wie Schaumgummi», lästerte er auf seine gar nicht leise hanseatische Art. Seine Stimme war so rau, als wäre er jahrelang zur See gefahren, dabei hatte er als Maler den Landkreis Harburg nach Kriegsende nie wieder verlassen ... «Nix Gummi, musst du einlegen in Zitrone über Nacht, eine wenig Mehl, Salz ... lecker!», konterte Mama seine Unhöflichkeit. Jetzt mischte sich Otto ein, der den Trennungsschmerz von seinem Kiosk mit ein paar derben Sprüchen kaschierte:

«Anneliese macht daraus vielleicht ein Paar neue Schuhsohlen ...»

Er lachte, wie auch bei den Skatrunden, immer am lautesten über seine eigenen Witze. Dabei haute er mit seinen Händen von unten gegen die Bierbank, dass die Plastikbecher nur so hüpften. Und bevor er den Schmerz zugab, legte er gleich nach mit den Sticheleien. «Und habt ihr bei euch da unten keine Tischdekoration?»

«Wir brauchen jede Zentimeter für unsere Mezedes!»

«Mercedes pah, könnt ihr euch doch gar nicht leisten, oder Helmut, hahaha.»

«Esst ihr doch eure Blumensträuße oder Bäume mit Ostereiern, wir haben Mezedes. Unsere Vorspeise schmücke die Tisch. Basta.»

Mama hatte den ganzen Vortag am Herd verbracht, um Weinblätter zu rollen und Paprika zu füllen. Für sie waren die Vorbereitungen in der Küche die reinste Strafarbeit. Das griechische Essen liebte sie, dessen Zubereitung im Besonderen und die klassische Rollenverteilung im Allgemeinen verachtete sie aber und war deshalb froh über die Kochleidenschaft ihres Mannes. In ihrem Dorf mussten die Mädchen früh anfangen in der Küche, um überhaupt als heiratsfähig zu gelten. Die jungen Frauen konnten danach zwar entscheiden, ob es Hackbällchen oder Lammkeule zum Mittagessen geben sollte, den passenden Partner suchten aber traditionell die Eltern aus. Ohne Rückgaberecht. Liebe geht eben durch den Magen.

Die Sorgen des anstrengenden Vortages in der Küche lächelte Chrissoula mit ihren eigenen Lebensweisheiten weg: «Andere Mütter haben auch schöne Töpfe.»

Und servierte das erste Stück Lammfleisch vom Grill Tante Toni.

Unsere Tagesmutter hatte in der Karwoche wie immer das Sorgerecht entzogen bekommen, damit wir Kinder uns ja nicht über die Reste der Schwarzwälder Kirschtorte hermachen und die Gebote unterlaufen konnten. In Deutschland wurde Ostern ja meistens zwei, drei Wochen früher als im orthodoxen Kalender gefeiert, sodass die Reste ihrer Kaffee- und Abendbrottafel für uns eine große Versuchung dargestellt hätten. «Das hat die Politik vernünftig geregelt, damit es an den Fleischtheken nicht zu gewalttätigen Übergriffen kommt», erklärte ein bereits angeheiterter Chari im ZDF-Interview. Und schob, der Kamera mit einem frischen Glas zuprostend, nach: «Meinen ersten Ouzo musste ich auf meiner Taufe trinken.»

Die nächste Lüge, die die Historiker aus Mainz ihm unkommentiert durchgehen ließen. Und noch eine: «Die Ostereier färben wir rot, weil sie an das Blut von Jesus Christus erinnern. Wenn die Farbe getrocknet ist, reiben wir die Eier noch mit unserem Anisschnaps ab.» Was nur die halbe Wahrheit war, denn in Wirklichkeit waren die Eier anschließend mit Olivenöl zum Glänzen gebracht worden. Aber Chari redete sich in einen Rausch. Er und sein Kumpel Michael servierten als Kellner immer wieder neue Getränke und probierten dabei vorher gerne selbst, was sie gerade im Angebot hatten.

Papa war am Grill und Mama am Tisch zu beschäftigt, um die Einhaltung des deutschen Jugendschutzgesetzes zu kontrollieren.

Otto war seit Freitag offiziell Rentner und hatte seinem griechischen Nachfolger den Kiosk samt Inhalt aufgeschwatzt: die übriggebliebenen Paletten Dosenbier, das Zeitschriftenregal mit verschiedenen Jahrgängen vom *Goldenen Blatt*, der *Bunten* und den *St. Pauli-Nachrichten* und natürlich Ottos Survival Kit: ein kleiner Zinn 40, Welthölzer für die Ernte 23 und ein leicht brennender Kaugummi von Bazooka gegen die Fahne am Morgen. Nur der Originalschriftzug der Trinkhalle wurde demontiert und in Ottos Hobbykeller direkt über einer selbstgezimmerten Hausbar aus Eichenholz neu aufgehängt. Aber jetzt wurde auf die Übergabe erst mal angestoßen, zum gefühlt zwanzigsten Mal: «Prost!» – «Für meine besten Gäste nur das Beste – Jammas ...»

Ottos und Helmuts Köpfe hatten sich nach diversen Schnäpsen noch weiter verfärbt, auch ihre Gesichtszüge fingen an zu entgleiten. Damit ihren Füßen das gleiche Schicksal erspart blieb, musste sich einer links und der andere rechts an Papas Schulter gut festhalten. Ansonsten hätten ihre dicken Bierbäuche, die noch mit jeweils einem halben Lamm aufgefüllt worden waren, sie vermutlich im Erdboden verschwinden lassen. «Machst du von jetzt an jeden Tag Lagerfeuer mit Tieren?», wollte Helmut von seinem neuen Wirt wissen. «Weißt du, heute ist Christus auferstanden. Nicht jeden Tag. Und deshalb sind wir hier, um diesen Tag zu feiern. Heute nix Arbeit», ordnete Papa die Bedeutung dieses Tages für seine ersten Stammkunden ein.

Von unserem Viertel gibt es zwar bis heute keine Postkartenmotive, aber dafür konnten die Kameraleute vom ZDF ihr Glück über die sich abspielenden Szenen kaum fassen. Die anfangs steife Gesellschaft hatte sich inzwischen komplett von den Bierbänken erhoben und bildete auf der Straße einen großen Kreis. Christos war eine tragende Säule und gleichzeitig auch Taktgeber beim Sirtaki. Otto stolperte regelmäßig über seine eigenen Füße, landete hilflos wie ein Maikäfer auf dem Rücken und konnte nur unter großem Einsatz von Helmut wieder aufgehoben werden. Auch Chari tanzte inzwischen zu den Bouzouki-Klängen. Arm in Arm torkelte er mit Michael, übrigens Ottos Sohn, im Kreis.

Besonders auffällig in der fröhlichen Runde war Dr. Schnabel, der zwar auch schon zu viel Imiglykos getrunken hatte, aber dafür mit seiner Frau Sibylle besonders expressionistisch tanzte. Die beiden zogen das ganze Folklore-Programm durch, gingen in die Knie und schnippten mit den Fingern. Der Professor für Sonderpädagogik hatte die letzten 25 Sommerferien mit seiner Familie auf einem Campingplatz in «Schalkidiki» verbracht, der beliebten Halbinsel im Norden Griechenlands mit den drei Fingern, und das zahlte sich jetzt aus. Im Rahmen seiner Heilpädagogikkurse bot er inzwischen sogar Sirtaki-Tänze für schwererziehbare Kinder an. Angeblich hatte die Methode besonders in Konfliktsituationen eine beruhigende Wirkung. Wenn Sonderschüler sich gerne zu griechischen Takten bewegen, war die Musik bei uns im Viertel genau richtig. Wer sitzen blieb, der klatschte dazu im Takt, der Rest lag sich kichernd in den Armen und schaute sich dabei gegenseitig tief in die Augen. Einfach unglaublich, wie elegant sich die deutsch-griechische Gesellschaft plötzlich bewegte, während sie sonst beim Ententanz auf den Kinderfesten eher stocksteif und distanziert wirkte. Allzu gerne hätte ich das ganze Glück in viele kleine Gefrierbeutel gepackt, um es in schlechten Zeiten wieder portioniert aufzutauen. Aber unser Eisfach war leider schon voll. Mit Fleisch. Vom Lamm, Schwein und Rind. Und ganz hinten war natürlich die Flasche Ouzo versteckt. Aber die würde jetzt einen neuen Platz bekommen im Kiosk. Und zwar ganz hinten im Langnese-Eisfach zwischen einem Karton Flutschfinger und Brauner Bär. Aber nur für die guten Freunde des Hauses.

3. KAPITEL

UNSER TÄGLICH BROT GIB UNS HEUTE

Nach einem halben Jahr hatten wir uns alle an den neuen Duft im Kiosk gewöhnt, der in Haaren, Palomino-Pullovern der dritten Generation und Turnbeuteln hängen blieb wie die Zigarettenkippen im Gebüsch. «Was riecht denn hier so ranzig? Ernte 23!», sang Chari wie in einem dieser überdrehten Werbespots eine Gute-Laune-Melodie – und fügte der olfaktorischen Note damit noch eine musikalische hinzu. Währenddessen sortierte er neben dem Tresen mit der Kasse die neuen Zeitungen und Magazine in einem Regal ein. «Riech ich dein Aroma, fall ich gleich ins Koma!», stimmte ich aus der anderen Ecke ein Lied auf die Härtefälle an, die wir beim Betreten des Ladens schon an ihrer Geruchspatina auf den Klamotten erkannten. Reste von Nikotin und Schweiß waren in Alkohol konserviert, der so säuerlich roch wie das Leergut in den Bierkisten, die ich immer mit einzelnen Flaschen auffüllte. Am Wochenende musste die ganze Familie mit anpacken, und wir machten aus jeder einzelnen Aufgabe im Kiosk einen Wettbewerb. Ehrgeizig wie Sportler stellten wir uns dem Zehnkampf mit seinen unterschiedlichen Disziplinen wie Konservendosenstapeln, Geldscheineabzählen oder Pfennigstückewickeln. Für Langeweile hatten wir keine Zeit, und wahrscheinlich haben wir die Arbeit von Anfang an, ohne zu murren, ausgeübt, weil wir ahnten, dass wir nur im Kiosk eine Familie sein konnten – zu Hause war ja niemand. Während sich die meisten unserer Klassenkameraden am Wochenende von ihren Müttern zu irgendeinem Tennisturnier kurven ließen, bekamen wir früh Einblicke in die dunkleren, jedenfalls nicht blütenweißen Seiten des Lebens. Wir fühlten uns ein wenig wie im Backstage-Bereich der deutschen Gesellschaft: vom Spitzenpolitiker im Maßanzug bis zum verwirrten Professor im Schlafanzug; vom steinreichen Hanseaten im nagelneuen Jaguar bis zum arbeitslosen Alkoholiker auf einem alten Zündapp-Mofa. Wir hatten für alle Kunden eine Kleinigkeit im Angebot. Der Fahrer des Verteidigungsministers holte sich vor der Arbeit eine Packung Kaugummis, die alleinerziehende Mutter am Ende eines langen Tages Kohlrouladen aus der Dose für die fünfköpfige Familie. Der Bestseller in unserem Sortiment aber war der preiswerte Weinbrand Springer Urvater.

Papa hatte die Regale nach der Übernahme etwas umgestellt und alle Ladenhüter entsorgt. Am frühen Morgen, kurz nach halb sechs, verließ er unsere Wohnung, um sich und den Kiosk auf den Tag vorzubereiten. Aber die fünfzehn Gehminuten, die zwischen unserer Wohnung und dem Laden lagen, waren für einen Griechen viel zu weit. Christos nahm natürlich unser Auto, einen beigefarbenen Ford Kombi. Außerdem musste er ja pünktlich da sein, um die erste Lieferung des Tages, die

Brötchen aus der Bäckerei Janeke, entgegenzunehmen. Sein Tag war lang, wirklich lang. Erst um 21 Uhr war für ihn Feierabend. Weil damals alle anderen Geschäfte pünktlich um 18 Uhr schlossen, machten wir besonders außerhalb der gesetzlichen Ladenöffnungszeiten einen guten Umsatz und mussten diese Zeit nutzen. Bei Spar gab es eben keinen Korn mehr nach sechs. Den meisten Stammkunden war es mittlerweile egal, dass sie ihren Kräuterschnaps von einem Ausländer serviert bekamen. Hauptsache, das Zeug hatte ordentlich Umdrehungen. Beim Entkorken des kleinen Weinbrands war der Trinkspruch jetzt eben ein «Jammas», während bei Otto immer noch «Auf das Vaterland» angestoßen worden war. Papas Vorgänger war ein ordentliches Mitglied im Schützenverein und schoss verbal auch nach seinem Seitenwechsel vor den Tresen gerne auf alles, was ihm unbekannt war: zum Beispiel gegen «Dschiros» (wie er das Nationalgericht in all den Jahren konsequent nannte) und den griechischen Kaffee von der Wärmeplatte. Weil das Aroma etwas stärker als bei seinem Schonkaffee war, schüttelte sich Otto nach dem ersten Schluck und fing an zu lästern. «Schmeckt ja wie Negerschweiß!» Bei den täglichen Inspektionen an seinem ehemaligen Arbeitsplatz spielte sich Otto immer noch auf wie ein Blockwart und kommentierte jeden Einkauf. In Mamas Abwesenheit war er immer für einen versauten Herrenwitz zu haben. Genauso herzhaft lachte er über Polen oder Gastarbeiter. «Warum sind die Italiener so klein?» Papa zuckte mit den Schultern, schaute Otto dabei mit großen Augen an und zog die Augenbrauen hoch. «Als kleines Kind wird denen schon gesagt: Wenn du mal groß bist, musst du arbeiten!» Christos lächelte höflich. Dagegen dröhnte das laute Lachen von Otto bis auf die Hauptstraße. Das kräftige Prusten ging nach wenigen Sekunden meist in einen schweren Reizhusten über. Bis sich Otto wieder fing, waren wieder ein, zwei kleine Äderchen auf seiner roten Knollennase geplatzt. Zum Abschied schnaufte er kräftig durch und fummelte sich dabei eine Kippe aus der Schachtel «Ernte 23», die er immer rechts oben in seiner Hemdtasche trug. Er steckte sich die Zigarette in den Mundwinkel und nuschelte ein paar unverständliche Worte. Anfangs fiel es Otto noch schwer, dass in der ehemaligen Trinkhalle keiner mehr auf seine Kommandos hörte. Nach einem halben Jahr konnte er aber doch loslassen und in Ruhe seinen Frühschoppen genießen. Zur Erleichterung aller Anwohner gab es nach dem Besitzerwechsel auch zu keiner Zeit Engpässe bei den lebensnotwendigen Nahrungsmitteln (auch nicht bei den flüssigen). Im Gegenteil. Die Geschäfte liefen gut. Deshalb traf es uns auch nicht so hart, als Mama sechs Monate nach der Eröffnung ihren Job bei Berkemann verlor. Sie konnte jetzt im Laden mithelfen, einkaufen und putzen. Zum ersten Mal in ihrem Leben sah sie ihre drei Kinder auch unter der Woche bei Tageslicht.

Samstag und Sonntag waren wir Kinder im Kiosk aushilfsweise die ersten Ansprechpartner, während unsere Eltern vormittags kartonweise Springer Urvater besorgten. Papa gönnte sich danach noch einen ausgiebigen Mittagsschlaf. Während dieser Zeit ersetzte ein immer wiederkehrender Satz das fehlende Glöckchen an der Tür: «Is' Muddi da?» Ich musste einsilbig bleiben, um so wenig Sauerstoff wie möglich zu verbrauchen: «Ist weg, einkaufen.» Der Stinker war wieder da! – «Dann bekomme ich 2 Mark 50 retour, die Dame.»

«Bitte schön.»

«Bist du heute wieder alleine?»

«Nein, mein großer Bruder ist auch da!» Das Atmen hätte ich in diesen fünf Minuten am liebsten komplett eingestellt. «Der Stinker» verabschiedete sich mit seinem Einkauf ins Wochenende. Brötchen, Bierchen und *BILD*. Die Zeitung klemmte er unter den Norwegerpulli. Getränke und Backwaren verschwanden in einem Jutebeutel, der wegen des zuvor ausgelaufenen Leergutes mit zahlreichen braunen Bierflecken verziert und deshalb feucht und muffig war. Wie immer brauchte der Stinker beim Bezahlen etwas länger. So stand er manchmal noch minutenlang in seiner duftenden Wolke an der Kasse und versuchte, mit schweißnassen Händen einen Zehnmarkschein aus der engen Jeans zu fummeln. Puh, geschafft! – «Tschüschen!»

«Wiedersehen!» Chari prüfte, hinter dem Zeitschriftenregal hervorlinsend, ob die Luft wieder rein war und er sein Versteck verlassen konnte. Wir setzten uns, bis der nächste Kunde kam, jeder eine Wäscheklammer auf die Nase und spielten die beliebtesten Szenen des «Stinkers» nach. Ich stellte leicht nasal die Frage, ob Muddi da ist oder wann sie wiederkommt. Chari ergänzte zwischendurch gönnerhaft: «Hast du mal 'ne Packung Reval ohne? Filter schenk ich dir.» Keine Ahnung, wie der pensionierte Lehrer wirklich hieß und warum er seinen Job aufgeben musste. Eines seiner größeren Probleme aber konnten wir schon morgens riechen. Und da half auch keine Dusche. Nein, auch keine Munddusche. Es roch nach einem Cocktail aus süßem Schweiß, altem Talg, Cognac und vor kurzem abgelaufenen Cornflakes. «Muddi immer noch nicht da?» Kommt gleich, antwortete Chari, überrascht, dass der Kunde noch mal zurückgekehrt war, und entfernte schnell die Wäscheklammer.

«Hab' noch ein' Heiermann gefunden. Für 'ne Reval.»

«Filter darf ich behalten?»

Der Stinker schnaubte wie ein Pferd über den Konter von Chari und verschwand sprachlos aus der Ladentür. Wir amüsierten uns über den Spruch, obwohl die Luft noch mindestens fünf Minuten hochexplosiv war. Wir hatten jeden Samstag unseren Spaß. Das einfache Leben war für uns wunderschön. Wir fuhren einen Kombi, mit dem Kiosk besaßen wir so etwas wie ein Wochenendhäuschen und bekamen dort auch regelmäßig Besuch. Plötzlich waren wir ziemlich nah dran an einem gutbürgerlichen Leben in Deutschland. Und zu den Ritualen in unserer Familie gehörte es eben, dass Mama und Papa ihre Runde in der METRO drehten, um die wichtigsten Produkte für den Kiosk zu besorgen: Bier, Schnaps und Süßkram hatte es auch schon bei Otto in der Trinkhalle gegeben. Wir erweiterten das Sortiment um Fertiggerichte wie Ravioli, dreilagiges Klopapier im Doppelpack oder auch Feinstrumpfhosen. Der Block schätzte das neue Angebot, die Seelsorge von Chrissi war inklusive. Gerda Brocken zum Beispiel heulte sich gerne über ihr Schicksal aus und trifft sich bis heute mit Chrissi, um gemeinsam mit ihr im Kriminalfall Manfred Brocken zu ermitteln, der mittlerweile zwar über 30 Jahre zurückliegt, ihr aber noch immer keine Ruhe lässt: Ihr Mann Manfred war eines Tages spurlos verschwunden, die gemeinsame Stieftochter, die aus einer früheren Beziehung von Gerda stammte, seltsamerweise auch. Am selben Tag. Kein Abschiedsbrief, keine Nachricht, nichts. Ein Doppelmord ohne Leichen, über den bis heute nicht mal die Polizei informiert ist? Seltsam. Selbst bei Eduard Zimmermann in der Sendung «Aktenzeichen XY» gab es keinen Fahndungsaufruf. Die Hausschlüssel hingen am Tag der vermeintlichen Straftat ordnungsgemäß neben der Eingangstür. Was fehlte, war der Autoschlüssel, der moosgrüne 3er BMW in der Garage, die Haushaltskasse und das gemeinsame Sparbuch bei der Kreissparkasse. Offenbar hatten die Entführer ihren Ehemann gezwungen, das ganze Geld abzuheben, so die Theorie der Verlassenen. Statt sich mit Kräuterlikör über den Verlust zu trösten, kaufte Gerda Brocken lieber Ferrero Küsschen für die Nerven, je nach Saison auch mal eine Packung Mon Chéri. Und immer die *Harburger Anzeigen und Nachrichten*. Durch die Kleinanzeigen versuchte sie, das mögliche neue Leben ihres verschwundenen Partners zu rekonstruieren, allerdings ohne Erfolg. So tat sie die Gerüchte, die ihrem Manfred eine Affäre mit Gerdas Tochter aus erster Ehe andichten wollten, als dummes Geschwätz unter Nachbarn ab, was Chrissi stets mit einem ergebnisoffenen «Wo der Liebe hinfährt» kommentierte. Gerda Brocken zählt bis heute zu dem exklusiven Kreis von Frauen, die Mama sogar zu Hause empfängt. Irgendwie hatten diese Treffen etwas Rührendes, denn meine Eltern waren mehr oder weniger rund um die Uhr in ihrem Kiosk und fast nie zu Hause. Der braune Stoffsessel, den Onkel Günther ihnen spendiert hatte, bildete das Zentrum unseres Wohnzimmers. Gerda Brocken steuerte wenige Sekunden nach Betreten der Wohnung darauf zu, grinste und verließ ihre Kommandozentrale für die kommenden zwei Stunden nicht mehr.

«Du siehst glucklich aus», sagte Mama. «Warst du bei Frisur?»

Gerda grinste noch breiter und nickte zustimmend. «Ich dachte, ich verändere mal was.» Gerda Brocken hatte einen guten Tag erwischt. Der Azubi, der ihr bei Ronald Reinholz, dem zweitbesten Friseur Harburgs, kostenlos die Haare geschnitten hatte, war offenbar talentiert und zauberte ihr eine Frisur, die an Gerdas Lieblingsschauspielerin Uschi Glas erinnerte: Kurzhaarschnitt mit dezenter Außenwelle, der Helm unter den Frisuren. «Nimmst du niemals Zuckerwasser, sonst kommen Wespen», schmunzelte Chrissi. Jetzt würde die Anekdote aus Griechenland folgen, die sie selbst der guten Gerda schon x-mal erzählt hatte.

Ihre Monologe hatten, Wiederholung hin oder her, einen hohen Unterhaltungswert. Leider zeichnete sie keiner von uns mit einer Videokamera auf, sonst hätte sich ihr Traum von einer Schauspielkarriere vielleicht doch noch erfüllt. Chrissi war gut informiert über das Geschehen auf deutschen Bildschirmen, denn wir hatten vom *Goldenen Blatt* bis zur *Funkuhr* alles an Klatschblättern im Kiosk, was man sich nur wünschen konnte. So hatte sie zwar nur abends etwas Zeit zum Fernsehgucken, konnte an ruhigen Nachmittagen aber die Inhaltsangaben zu den aktuellen Folgen ihrer Serien, wie beispielsweise «Die Schwarzwaldklinik», lesen. Dabei beobachteten wir sie immer wieder, wie sie heimlich die Rolle von Gaby Dohm übernahm und als Schwester Christa die Haushälterin der Brinkmanns zurechtwies. «Mädchen, hast du Bügeleisen ohne Strom benutzt? Professor bekommt noch mehr Falten, wenn er sieht Kopfkissen.» Sie war felsenfest überzeugt, die Bude der Brinkmanns als deren Haushälterin besser in Schuss halten zu können als die alte Kratzbürste, der diese Ehre tatsächlich zuteilwurde. Alternativ zur Schwarzwaldklinik konnte sie sich auch ein Engagement in der Lindenstraße vorstellen. Allerdings gab es hier ja schon eine griechische Familie. Das Restaurant «Akropolis» von Panagiotis Sarikakis lief auch ohne sie ganz gut. Trotzdem gab sie dem Wirt ein paar Tipps für die griechische Küche, wenn sie sich unbeobachtet fühlte. «Was bist du für eine Esel? Musst du nehmen erst Zitrone, dann die Öl.» Wenn wir Chrissi bei ihren Rollenspielen ertappten, klappte sie die Hefte rasch wieder zu und schüttelte mit dem Kopf. «Rätsel, Rätsel, immer nur Rätsel. Warum kaufen alle Leute diese Hefte? Egal, bringt Geld.»

Die *Süddeutsche Zeitung* oder die *ZEIT* suchte man bei uns vergeblich, dafür gab es zu wenige Abnehmer in der Siedlung. Meine Eltern wollten das Angebot in diesem Bereich auch gar nicht erweitern, weil sie am Sonntag schon genug mit den Remittenden zu tun hatten. Am meisten freuten wir Kinder uns, wenn Dario, der jugoslawische Zeitungslieferant, mittwochs eine neue Ladung Mickey-Mouse-Hefte vorbeibrachte. Um kurz nach sechs versorgte er uns mit den wichtigsten Nachrichten, dann lieferte er mit seinem verbeulten Kastenwagen auch die Pakete mit den Tageszeitungen ab. Sein Job war anstrengend, er rauchte viel und hatte dunkle Ringe unter den Augen. Wenn Christos schon Kaffee aufgesetzt hatte, machte Dario manchmal eine kurze Pause bei uns im Kiosk und blätterte dabei durch den Sportteil der *BILD*. Meist war er aber zu spät dran, sodass er sich die Tasse und zwei Brötchen mitnahm und seine Tour fortsetzte. Tageszeitungen fand ich damals zwar langweilig, aber Dario nicht, und an manche Schlagzeile seiner *BILD* kann ich mich noch erinnern, weil sie uns am frühen Morgen ein Lächeln ins Gesicht trieb. Sie feierte damals einen neuen deutschen Helden, der noch nicht mal volljährig war: «Boris suuuuper. Mit 17: Der erste Deutsche, der in Wimbledon siegte» (BILD, 8.7.1985).

Die Nachricht löste einen wahren Tennis-Boom aus, von dem auch unser Kiosk profitierte. Plötzlich hatten wir die schwarzen Schläger «Family Tennis» von Pelikan in unserem Sortiment. Auch Chari klopfte einen ganzen Nachmittag lang den Schaumstoffball gegen die Kioskfassade. Mal traf er die rote Klinkerwand, mal das Schaufenster. Iannis und ich spielten die Balljungen und fühlten uns für einen Augenblick, als ob wir zur feinen englischen Gesellschaft in Wimbledon dazugehörten, bis Chrissi mit einem Schwamm aus dem Kiosk kam und uns ermahnte: «Nix Bum Bum an die Haus!» Sie wischte die braunen Flecken von der Scheibe, die der Ball hinterlassen hatte, weil er zuvor durch eine Regenpfütze gerollt war. Wir legten die Schläger wieder weg und halfen mit, die alten Zeitungen und Zeitschriften sorgfältig zusammenzulegen. Die Stapel mit ungelesenen Zeitschriften nahm Dario nämlich in seinem weißen Ford Transit wieder mit. *BILD* und *Mopo* aber waren Bestseller und spätestens bis zum Nachmittag ausverkauft. Auch Titten-Heftchen hatten wir wegen der großen Nachfrage im Sortiment behalten. Sie waren im Regal ganz oben einsortiert, damit sie den Kindern im Viertel nicht in die Hände fielen – und weil es meinen Eltern auch irgendwie peinlich war. Die meisten Kunden wollten ihrerseits auch so unauffällig wie möglich an die heiße Ware kommen und drehten die Sexhefte vor dem Bezahlen meistens mit der Titelseite nach unten.

Chari spielte beim Kassieren dann gerne die Sittenpolizei, drehte die Heftchen wieder um und rief ganz laut: «Papa, was kosten noch mal die *St. Pauli-Nachrichten*?» Mir wurde beim Anblick dieser menschgewordenen Medizinbälle am Oberkörper der Modelle vor allem eines klar: dass es so etwas wie Silikon geben muss.

Obwohl alle versteinerten Griechen sich gerne splitternackt präsentieren, sind wir weder am Strand noch in der eigenen Wohnung besonders freizügig unterwegs gewesen. Ich weiß nicht, ob meine Eltern prüde oder verklemmt waren, wir haben darüber einfach nicht geredet. Gestöhnt wurde bei uns lediglich vor dem Fernseher, wenn Boris Becker einen Matchball vergab. Chrissoula schaltete selbst dann um, wenn der schöne Sascha Hehn und die hübsche Barbara Wussow sich heimlich im Schwarzwald küssten. Auf dem Index standen für mich sogar die bei meinen Klassenkameradinnen sehr gefragten Ausgaben der *Bravo Girl* und *Mädchen*. Wie sollte ich ohne sie je erfahren, wo die Klitoris liegt? Im Mittelmeer, hätte Chrissoula als Notlüge parat gehabt. Alles eben eine Frage der Perspektive. Richtig aufgeklärt hat mich meine Frauenärztin erst Jahre später. Dummerweise hatte ich in der Schule die dritte Klasse übersprungen, das war jetzt zwei Jahre her. Dazu kam es nicht, weil ich so übermäßig klug war, sondern weil ich durch die griechische Schule, die ich nachmittags für drei Stunden besuchte, schon ein Jahr Vorlauf hatte. Die Regierung in Athen setzte nämlich ursprünglich darauf, dass die Gastarbeiter mit ihren Familien eines Tages zurückkehren würden und gut ausgebildet sein sollten. Zwar kamen, wie sich relativ schnell zeigte, die wenigsten wieder, trotzdem gab es allein in Hamburg mehrere staatliche griechische Schulen. Während meine deutschen Klassenkameradinnen zum Ballett- oder Cellounterricht gingen, musste ich nach der deutschen Schule jeden Tag von 14 bis 17 Uhr erneut die Schulbank drücken. Da ich viel bei Tante Toni und Onkel Günther war, konnte ich viel besser Deutsch als Griechisch. Ich verstand meine griechischen Eltern zwar, war aber zu faul, um in derselben Sprache zu antworten. Genau das stellte sich zu Beginn der griechischen Schule als fatal heraus. Ich kam mir zum ersten Mal vor wie ein Ausländer, der in ein fremdes Land ziehen musste und dort sprachlos war, weil er nicht die richtigen Worte fand. Es dauerte ewig, bis ich richtig mitgekommen bin. Jeden Montag setzte ich beim Frühstück meinen traurigsten Blick auf und bettelte darum, meine Nachmittage anders verbringen zu dürfen. Aber meine Eltern hatten kein Erbarmen – sie waren viel zu stolz auf unser griechisches Erbe, keinesfalls durfte ich diese Wurzeln kappen. Ihrem strengen Blick schickten sie noch ein griechisches Sprichwort hinterher. Mein Klassenlehrer hieß Kirie Marko, trug eine graue Strickjacke und eine große Hornbrille und sah insgesamt sehr harmlos aus. Ins Schwitzen kam ich erst, als Kirie Marko mich plötzlich auf Griechisch fragte, was Hund, Katze und Maus heißt. Ich hatte schnell das Gefühl, dass er mich zwar mochte, ich aber hatte Angst vor ihm: Chari hatte mir ein langes Holzlineal mitgegeben, dessen ausgestanzte Zahlen aus Metall waren.

Kirie Marko borgte es sich zum Anfang einer jeden Stunde aus. Mein Klassenkamerad Panagiotis bekam es als Erster auf seinen Fingern zu spüren, nachdem er versucht hatte, mir die richtige Antwort einzuflüstern. Ein Schlag für den Hund und einen für die Katze.

Autsch. Was für eine Zeitreise! Vormittags streichelten die deutschen Lehrer in diesem Klassenzimmer über die verängstigten blonden Köpfe. Nachmittags wurde von den griechischen Pädagogen knallhart die Prügelstrafe durchgezogen. Selbst zarte Mädchen wie ich wurden nicht verschont, wenn sie nicht aufpassten oder keine Hausaufgaben gemacht hatten. Einmal flüsterte ich meiner Sitznachbarin Maria gerade zu, dass ich ein wenig in einen Jungen verknallt sei, der mich nach seinem Tennistraining immer im Kiosk besuchte. Er hieß Patrice. Kirie Marko zitierte mich umgehend ans Pult. Ohne Widerrede ergab ich mich in mein Schicksal, machte die Augen zu und wartete auf den Schmerz. Ich streckte den linken Arm aus, drehte die Handfläche nach oben und spannte die Muskeln ganz stark an. Das Lineal zischte beim Ausholen, zerschnitt die Luft, und plötzlich krachte es ganz laut und zersplitterte an meiner Hand. Es tat aber überhaupt nicht weh. Danke, Dike. Die Göttin der Gerechtigkeit zeigte sich sehr milde an diesem Nachmittag. Offensichtlich hatte das Lineal einen Ermüdungsbruch erlitten. Alle lachten erleichtert auf. Dann knallte es erneut. Kirie Marko legte spontan mit einer Backpfeife nach, und ich musste weinen. Ich brachte fortan ein rotes Plastiklineal mit und ging fest davon aus, dass das Geknalle damit weniger schmerzhaft ist. Leider teilten die Jungs in meiner Klasse diese Ansicht nicht. Nach Schulschluss lauerten auch sie mir noch auf dem Schulhof auf, schubsten mich hin und her, rissen mir den Ranzen vom Rücken und schleuderten ihn meterweit in das nächste Gebüsch. Dabei ging das Plastiklineal zu Bruch. Durch diese Extratour am Nachmittag durfte ich die dritte deutsche Klasse überspringen.

Nur entging mir so leider auch der deutsche Sexualkundeunterricht, was im Alltag häufig zur Überforderung führte, zum Beispiel im Schwimmunterricht.

Als Jenny Bleckenstein zum wiederholten Mal mit trockenen blonden Haaren nach Hause fahren durfte, nur weil sie ihre Regel hatte, starrte ich nach 1000 Meter Brustschwimmen entkräftet und durchgefroren auf die Rückseite meines blauen Schwimmausweises und suchte vergeblich nach der Regel, gegen die meine neue Klassenkameradin verstoßen hatte. Vermutlich war sie unerlaubt vom Beckenrand gesprungen. Arme Jenny, dachte ich nur. Ich mochte sie, wir hatten uns schon verabredet, und vielleicht konnte ich sie dann auch nach dieser geheimnisvollen Regel fragen. Wenn sie half, einen von 1000 Meter Brust zu befreien, brach ich sie vielleicht auch. Außerdem ermunterte mich Mama grundsätzlich mit einem energischen «Du kannst doch plaudern wie Nähkästchen» dazu, mich mündlich zu beteiligen, ich sollte mich also trauen.

Auf dem deutschen Gymnasium wirkten meine neuen Klassenkameraden der 5a zunächst alle ganz lieb, zumindest als wir uns für das erste Klassenfoto nach den Sommerferien aufstellten. Die meisten lächelten braungebrannt aus ihren hellblauen Polohemden, über die sie zitronengelbe Pullunder gezogen hatten, ehrlich gesagt sahen sie alle ein bisschen wie Schlumpfeis in der Waffel aus. Zwischen den blonden Popper-Frisuren lächelte Ken hervor, dessen Eltern einen Asia Shop in der Harburger Fußgängerzone hatten. Tiago war auch Gastarbeiterkind, seine portugiesischen Eltern nähten Segelschuhe in einer Hamburger Fabrik. Und natürlich Patrice, dessen Vater zwar Marokkaner, aber Hals-Nasen-Ohren-Arzt war. Ich war also nicht alleine und unser Klassenfoto so schön, dass es auch als Werbeplakat für Benetton hätte durchgehen können. Aber ich fühlte mich in meinen altmodischen und abgetragenen Klamotten trotzdem irgendwie falsch platziert: Meine Kleidung war so hässlich, dass sie auf dem Schulhof keiner hätte geschenkt haben wollen. Dabei wäre ich so manch schräge Kombi gerne losgeworden. Zum Beispiel die lila Breitcordhose und den beigen Anorak meines Bruders, der offenbar ursprünglich für einen Rentner konzipiert worden war, von Chrissoula an ihrer Singer-Nähmaschine aber mit einem HSV-Abzeichen auf dem Ellenbogen zur Kinderkleidung umdeklariert wurde. Immerhin: Die typische Abzocke von Markenklamotten auf dem Heimweg blieb mir so erspart. Schluchzend erklärte ich Tante Toni beim Mittagessen, fortan keinen Königsberger Klops mehr essen zu wollen. Mir war der Appetit vergangen. Dabei gehörte die Speise doch zu meinen deutschen Lieblingsgerichten, aber jetzt hatte ich Bauchschmerzen und wollte die Schule nie wieder in meinen alten Klamotten betreten. Tante Toni nahm mich in ihre Arme und kaufte mir nach dem Mittagessen bei C&A ein Polohemd im Sommerschlussverkauf. Es war knallrot und hatte ein Pferd, das Markenzeichen von Palomino, auf der Brust. Ich schlüpfte sofort rein, machte mir einen Pferdeschwanz, schüttelte mich vor dem Spiegel in der Umkleidekabine und war zufrieden mit meinem neuen Outfit. Während die anderen Kinder von ihren Arzteltern mit neuen Fahrrädern und angesagten Turnschuhen ausgestattet wurden, musste ich den Job meiner Eltern eben auch ausnutzen. Gesagt, getan: Tante Toni begleitete mich am Nachmittag in den Kiosk, und wir packten Naschbeutel zusammen. In die dreieckigen Papiertüten steckten wir Schleckmuscheln, Kaugummizigaretten und eine Packung Ahoi-Brause Waldmeister. In die nächste Tüte kamen Lakritzschnecken, saure Gurken und MAOAM. Mama blinzelte mir verschwörerisch zu und erinnerte mich am nächsten Tag daran, die Überraschung in meine Schultasche zu stecken. Während es auf dem Schulhof bislang vor allem um den neuen Tennisschläger von Patrice oder den Zauberwürfel von Boris ging, hatte ich nun auch endlich etwas anzubieten. Die bunte Tüte. Mit dem Best-of der deutschen Süßwarenindustrie konnte ich die frechen Mäuler meiner neureichen Mitschüler stopfen. So hatte ich bereits nach der ersten Woche des neuen Schuljahrs mit der ganzen Klasse einen Nichtangriffspakt abgeschlossen. Klassenkeile, Mobbing oder Erpressungsversuche blieben mir dank der kleinen Investition erspart. Und auch die fertigen Mathe-Hausaufgaben erhielt ich ab und zu im Tausch gegen eine Handvoll Nimm 2. Ich war die Königin der bunten Tüte. Jedenfalls für ein paar Wochen.

Patrice kam jetzt regelmäßig bei uns im Laden vorbei, wühlte in der Eistruhe, und mein Kopf verwandelte sich währenddessen in ein rotes Bumbum.

«Hast du Lust, mit auf den Tennisplatz zu kommen?», fragte er mich und ließ nicht locker, bis ich «Ja!» sagte. – «Hauptsache, du trägst einen weißen Tennisrock und ein Polohemd», schob er die wichtigste Regel im Harburger Tennis- und Hockeyclub hinterher. «Und das kleine Pferdchen auf deinem Polohemd sieht von weitem doch fast aus wie ein Krokodil», zwinkerte er mir zu. Dann wieherten wir los.

4. KAPITEL

OH J-J-J-JOHNNY

«Ha-Ha-Hach, ist das ein Wetter.» Chari verdrehte die Augen, als der Stotterer in den Laden stolperte. Bei seinem ersten Besuch hatten wir uns noch erschrocken: Der Kiosk war gerade eröffnet worden, als plötzlich ein kräftiger Mann an der Kasse stand, mit jeder Silbe kämpfte und fast immer verlor. Ich war ebenso sprachlos und konnte nicht fassen, was ich hörte, und nicht glauben, was ich sah. Warum tätowierte sich jemand freiwillig ein Spinnennetz ins Gesicht? Weil Johnny ein Knacki gewesen war!

Johnny hatte seine 15-jährige Haftstrafe wegen guter Führung vorzeitig beenden dürfen. Jetzt lief die Resozialisierung in unserer Siedlung, wo sich die Gerüchte überschlugen. Je später die Stunde, desto wilder die Verbrechen, die ihm zur Last gelegt wurden und die vom bewaffneten Bankraub über Autoschieberei bis hin zu versuchtem Totschlag reichten. Nichts davon stimmte. In Wahrheit hatte Johnny, der früher Türsteher gewesen war, aus Eifersucht einen Zuhälter erstochen, erzählte uns Onkel Günther, der sich bei seinen Kollegen auf der Davidwache nach dem Fall erkundigt hatte. Johnny litt seit dem tragischen Zwischenfall auf der Reeperbahn unter einem schweren Sprachfehler, sodass er im Prozess viele Fragen nicht ertragen, geschweige denn beantworten konnte und so lange genickt hatte, bis er weggesperrt worden war. Seine Version der Geschichte erfuhren Chari und ich an der Bushaltestelle, als der 143er mal wieder zu spät kam: Offenbar sah Johnny in uns nicht nur die Teenager, die ihm die Kippen über den Tresen reichten, sondern in meinem großen Bruder auch jemanden, dem er vertrauen konnte – und so hörte er gar nicht mehr zu reden auf. Er erzählte die Geschichte fast fehlerfrei, ohne auch nur eine Silbe zu wiederholen.

«Ich hatte einen guten Ruf in der Türsteherszene. Immer zuverlässig, freundlich und unbestechlich, glaubst du mir das, Chari?»

«Aber ist das nicht ein gefährlicher Arbeitsplatz?», fragte Chari interessiert.

«Nee, nee, nee. Nur wenn es unfair wurde, habe ich zugeschlagen. Das hat sich natürlich rumgesprochen. Auge um Auge. So war es dann meistens friedlich bei mir vor der Tür. Die Leute hatten Respekt. Sie sagten erst guten Abend und später auf Wiedersehen.»

«Und was ist dann schiefgelaufen?», fragte Chari wie die Briefkastentante in der *Neuen Post*, die in rauen Mengen bei uns auslag, und warf einen prüfenden Blick in das Spinnennetz, immer auf der Suche nach einem Tatmotiv. Er schlüpfte für einen Moment in die Rolle des Privatdetektivs Josef Matula, unseres unumstrittenen Freitagabendhelden. Ich versuchte, ebenso cool zu bleiben, und tat, als würde ich einen Kaugummi kauen und eine Zigarette rauchen, obwohl ich keins von beidem tat und Chrissi mich, bewaffnet mit ihrer Pantolette von Berkemann, wohl einen Vormittag lang um den Kiosk gejagt hätte, wüsste sie, dass ich das Wort «Zigarette» auch nur dachte.

«Hattest du auch eine echte Pistole?», führte ich das Verhör an der Bushaltestelle fort.

«Ich eigentlich nicht, aber mein Boss T-T-Thommy.» Johnny fing bei den Gedanken an seinen schwarzen Freitag doch wieder an zu stottern und musste schlucken. Er stand von der Plastikbank auf, kratzte sich am Kopf und suchte dabei auf dem Fahrplan nach der nächsten Abfahrtmöglichkeit, obwohl der Bus wie immer 7, 17, 27, 37, 47 und 57 fuhr. Jetzt war es 11, 6 Minuten blieben uns noch. Plus der Verspätung, die es absolut immer gab.

«Aber alle sagen, du hättest jemanden ermordet?», hakte Chari umstandslos nach.

«Ich bin kein Mö-Mö-Mörder!»

Jetzt schienen alle Dämme zu brechen und wir waren kurz davor, unseren ersten Fall als Privatdetektive zu lösen. Ich spürte, wie sich kleine Schweißperlen in meinem Nacken sammelten.

«Thommy war wie ein Vater für mich. Er teilte uns ein für die Nachtschichten und bezahlte uns danach. Ziemlich gut sogar. Ich hatte damals eine schöne Wohnung auf St. Pauli und sogar eine Garage für meinen grünen VW Scirocco.»

«Cool.» Von diesem Auto hatte ich schon einiges gehört – Papa hatte schließlich einen Ruf zu verlieren und bockte in Gedanken, Worten und Erzählungen noch immer mindestens einmal in der Woche irgendeinen Wagen in der griechischen Pampa auf.

«Sogar ein Mädchen hatte ich. Meine erste richtige Freundin. Anita arbeitete auch für Thommy, meistens nachts. Sie kroch dann morgens unter meine Decke, und wir blieben gerne bis nachmittags im Bett liegen und erzählten uns Geschichten. So wie im Kino, ne?»

«Und wie habt ihr euch das Happy End vorgestellt?», wollte Chari wissen. Also vielleicht hat er es nicht genau so gefragt, aber auf jeden Fall gedacht.

«Anita wollte einen Salon für Hunde aufmachen. Irgendwo am Mittelmeer, sich dort um die Hunde der reichen Schauspieler kümmern. So mit roten Schleifen im Haar, bisschen Hundeschule und danach vielleicht Gassi gehen am Strand. So 'n Kram eben.»

«Kommt Anita denn vom Mittelmeer?»

«Nee, nee. Die kam eigentlich aus Kasachstan, aber ihre Eltern waren dann in Plön, in so einem Heim für Aussiedler. Ihre Ausbildung hat sie abgebrochen und ist einfach abgehauen. Sonst hätten wir uns vielleicht nie kennengelernt.» Das Spinnennetz verzog sich. Zum ersten Mal sah ich ein breites Lächeln in Johnnys Gesicht, und ehrlich gesagt sah sein lächelnder Mund in diesem Moment wie die Spinne im Netz aus. Er setzte sich zurück auf die Bank und schnaufte tief durch. «Na ja, es war nicht immer eitel Sonnenschein, manchmal gab es auch Streit. Normal, ne? Wenn sie morgens nicht auftauchte. Zum Beispiel.»

«Und deshalb hast du einfach jemanden umgebracht?» Chari drängte mit aller Macht auf das Geständnis, aber irgendwie ergab das alles noch keinen Sinn. Der Stotterer hier konnte doch nicht mal einem Pudel mit roter Schleife etwas antun. Für ein paar Minuten sagte keiner was. Wo blieb eigentlich der Bus?

«‹Anita hat die Seiten gewechselt›, erklärte mir Thommy zu Schichtbeginn und war stocksauer über den Verrat. Vor Wut kickte er die Yuccapalme in seinem Büro um. Meine Freundin arbeitete jetzt also für einen anderen Zuhälter, der seine Lektion lernen sollte. Normalerweise klopfte mir Thommy immer nur auf die Schulter, diesmal steckte er mir ein Kleinkaliber zu. Meine Waffe war eigentlich mein linker Haken. Danach ging jeder Arsch k. o. Ich versteckte also die Wumme sofort in meiner Lederjacke und nahm meinen Posten an der Tür ein. Dann ging alles ganz schnell. Großes Auto, Geschrei, Gerangel. Und plötzlich klebte Thommys halbes Hirn an der Tür. Die schöne weiße Tür mit der goldenen Schrift. Alles war voller Blut. Ich suchte die Waffe in meiner Innentasche, aber sie war weg. Das Überfallkommando auch. Aus dem Fenster der schwarzen S-Klasse schrie der Killer Anitas Namen. Es war ein An-An-Anschlag.»

«Und deine Freundin hat dich nicht verteidigt?»

«Sie war im Prozess als Zeugin geladen und musste lügen. Der Killer saß ja nur zwei Reihen hinter ihr. Null Chance. An der Tatwaffe haben sie nur meine Fingerabdrücke gefunden. Ich bin in eine Falle gerannt.»

«Hat sie dich dann wenigstens im Gefängnis besucht?»

«Kein Stück. Ich hab sie später nur noch ein einziges Mal gesehen.»

«Und?»

«Das war im Fernsehen.»

«Als Hundetrainerin im ZDF?»

«Nee, in so einer Obdachlosendoku im ZDF. Da saß Anita mit so 'nem Penner im Arm, in der anderen Hand eine Flasche Asti Cinzano.»

Tränen kullerten jetzt über sein Spinnennetz. Während ich nach Worten suchte, die einen erwachsenen Mann trösten konnten, bog schon der 143er um die Ecke. Der Bus kam uns beiden Matula-Imitatoren gerade recht. Johnny wischte sich die Tränen weg und ging, am Busfahrer vorbei, in die letzte Reihe durch.

Eine Weile nachdem er uns seine Version der Geschichte erzählt hatte, kam Johnny nachmittags im Kiosk vorbei. Chari und ich mussten Dienst tun, weil Mama und Papa einen Termin in der Ausländerbehörde hatten, um ihre Aufenthaltsgenehmigung zu verlängern. «Ch-ch-ch-challo», machte Chari den Stotterer leise an meinem Ohr nach und sprach dabei auch noch mit griechischem Akzent. Ich musste mich zusammenreißen, um nicht laut loszuprusten, wobei die Erinnerung an seine Erzählung und das Spinnennetz halfen. Johnny stellte drei Dosen Katzenfutter auf den Verkaufstisch und legte ein eingeschweißtes Knoblauch-Baguette dazu. Als sein Dosenöffner noch funktionierte, hatte er den Feuertopf mit Bohnen und Wurst von Erasco präferiert. Nach einem Vorfall mit dem Dosenöffner, den ich lieber nicht hinterfragte, war er nun gezwungen, seine Ernährung von Dosenfutter auf (keine Panik: nicht auf Katzenfutter, sondern) eingeschweißte Lebensmittel umzustellen. Das Erascorant war also bis auf weiteres geschlossen und Johnny auf Feuerzauber-Diät. Er arbeitete jetzt seit fast zwei Jahren in der Friedhofsgärtnerei. Der Job an der frischen Luft tat ihm gut. Chrissi hatte sich trotzdem fest vorgenommen, ihm zu Weihnachten einen neuen Dosenöffner zu schenken. Wahrscheinlich auch aus geschäftlichem Interesse, weil die Baguettes viel billiger waren.

«Sch-Sch-Sch-Sch...», wandte Johnny sich nach dem Abkassieren zur Tür.

«Scheißwetter?», sprang ihm Chari bei.

«N-n-n-nein. Sch-sch-sch-schönen Tag noch. Ha-Ha-Ha...»

«Hatschi?»

«N-n-n-nein. Ha-Ha-Hab ich mich gut benommen?»

«Ja, hast dich gut benommen, Johnny, danke schön und bis bald.»

Meistens jagten wir, wenn wir den Laden am Wochenende hüteten, wie unsere Kindheitsidole Tom & Jerry durch den Kiosk und spielten mit den Konservendosen Kegeln, versteckten uns hinter den Regalen und machten unsere Lieblingskunden nach. Mein kleiner Bruder ärgerte die Kunden manchmal aus Langeweile auch mit dem Geldbeuteltrick. An einer durchsichtigen Nylonschnur befestigte er ein altes Lederportemonnaie von Papa. Immer dann, wenn sich eine Kundin wie Brigitte Brüggemann danach bückte und ein Arschgeweih entblößte, das damals noch als avantgardistisch gegolten haben musste, zog Iannis ganz schnell an der Schnur – und der Geldbeutel war weg. Wir freuten uns einerseits über den verdutzten Blick von Brigitte Brüggemann. Andererseits bekamen wir manchmal auch für wenige Sekunden das Innenleben ihres großzügigen V-Ausschnitts mit ihrem pinkfarbenen BH zu Gesicht. Darauf waren auch schon viele andere in der Siedlung reingefallen. Brigitte hatte vier Kinder von vier verschiedenen Männern. Einer zahlte regelmäßig Unterhalt für seine Tochter, von den anderen Typen war finanziell und emotional nichts mehr zu erwarten, hatte sie Chrissi erzählt. Die es dann, immer noch ein klein wenig fassungslos darüber, in welche Gesellschaft sie hier in Deutschland geraten war, zu uns weitertrug. Immerhin reichte das Kindergeld, das Brigitte einsammelte, offenbar auch für ihren enormen Bedarf an Kosmetikartikeln wie Haarspray und Schminke. Bei ihren Besuchen im Kiosk musste sie mindestens zweimal den Lippenstift nachziehen. Zum Glück legte sie nicht auch noch von ihrem Parfüm nach, es roch nämlich unerträglich nach einer klebrigen Mischung aus Aprikosenmarmelade und Backofenspray. Das aufwendige Outfit hatte also seinen Preis. Bei ihren vier Kindern selbst kam von den Schecks vom Sozialamt deshalb nicht mehr viel an. Chrissi hatte häufig Mitleid, wenn sie die blassen Brüggemännchen sah, und schenkte ihnen weiße Mäuse oder saure Pommes. Bei einem ganz hungrigen Blick spendierte sie auch mal einen Cheeseburger aus der Heißen Hexe. Die Mikrowelle war die schnellste ihrer Art auf dem Planeten und sollte unsere Kunden verzaubern. Die Heiße Hexe spuckte die Burger nämlich doppelt so schnell aus wie die aufgescheuchten Arbeiter am Schalter bei McDonald's, dafür schmeckten sie auch doppelt so schlimm. Die meisten merkten das aber gar nicht, weil sie sich den Gaumen entweder an dem viel zu heißen Schmelzkäse oder am Brötchen mit der Sauce verbrannten. Unsere Kunden wählten also immer wieder zwischen Hamburger, Cheeseburger, Currywurst, Hot Dog oder geriffelten Pommes aus. Wir mussten nur in das unten im Hexen-Turm eingebaute Eisfach greifen und die Mikrowelle starten. Danach roch es noch zehn Minuten, als wäre mitten im Laden ein Schwein explodiert. Die Brüggemann-Kinder bedankten sich trotzdem artig für die geschenkte Mahlzeit. «Mutter wie Rabe», kommentierte Chrissi die mangelnde Fürsorge von Brigitte, die sich mehr um die stetig wechselnden Liebhaber kümmerte als um die eigenen Kinder. Treu geblieben ist die Kassiererin in all den Jahren nur ihrem Geschmack bei anderen Genussmitteln: Zigaretten der Marke HB, Kaiserbrötchen, beigefarbene Strumpfhosen und keine Männer über 30. Ihre Luxusartikel kaufte sie an ihren freien Tagen bei uns, wenn alles andere geschlossen war, sodass die Kiosköffnungszeiten ein wichtiger Fixpunkt in Brigittes Biorhythmus waren. Iannis hatte durch seinen Geldbeuteltrick zum ersten Mal auch das neue Tattoo in ihrem Ausschnitt zu sehen bekommen. Er war gerade sieben Jahre alt, und der Anblick eines Skorpions erschreckte ihn dermaßen, dass er einen großen Satz zurück machte. Er riss ruckartig an der Nylonschnur – und dabei mehrere Konserven, gefüllt mit Bohnen in Tomatensauce, vom Regal. Durch den harten Aufprall auf dem braun gefliesten Boden verbeulten die Dosen und waren damit eigentlich nicht mehr für den Verkauf geeignet. Chari schnauzte meinen kleinen Bruder an. «Spinnst du! Mama dreht durch, wenn sie das sieht!» Iannis heulte. Erst am Wochenende zuvor hatte sich ein ähnlicher Zwischenfall zugetragen. Der Stinker war in Iannis' Falle getappt, wollte den Geldbeutel aufheben und fiel der Länge nach um. Der Kräuterlikör zum Frühstück hatte ihn zwar nach einer langen Nacht ganz ordentlich auf die Beine gebracht, war jetzt aber schuld daran, dass der Stinker die Kontrolle über seinen klapprigen Körper verlor. Er rappelte sich auf, stolperte gleich wieder über seinen Beutel mit Leergut und stürzte in das Regal mit Hygieneartikeln. Fast wäre er in einer Lawine aus Toilettenpapier erstickt. Nach ein paar Minuten befreite er sich mit rudernden Armen aus dem Papierhaufen. Kaum konnte er wieder nach Luft schnappen, knallte ihm noch eine Ladung WC-Enten auf den Kopf, und er ging endgültig zu Boden.

Chari zog sich Gummihandschuhe an und schleppte den Bewusstlosen aus dem Laden. An der frischen Luft klammerte er sich an der Lehne eines weißen Plastikstuhls fest und kam – unter anderem mit Hilfe einer Astra-Knolle auf Kosten des Hauses – langsam wieder zu sich. Wie aus einer Infusion tröpfelte der Inhalt langsam in den geschwächten Körper und kurbelte den Kreislauf wieder an. So saß er nun wie ein geschlagener Boxer nach einem schweren Kampf im Eingangsbereich und schwitzte noch mehr als sonst. Die Asche seiner Reval-Zigaretten schnippte er in einen Blumenkübel mit Geranien. Nach einem halben Päckchen stand er wieder auf, latschte in den Laden, stellte sich zur Belebung vor den Ventilator, hob die Arme, pustete den Schmerz aus und räusperte sich feucht. Es roch wirklich nicht gut. «Da bin ich wohl von einer ganzen Bande Toilettenpapier überfallen worden», grinste der Stinker und stellte fünf leere Flaschen auf den Tresen. Einmal wie immer, bidde.

Echte Kriminelle hatten es dagegen schwer. Christos war groß und kräftig. Mit seinen buschigen Augenbrauen und seinem ernsten Blick hatte er eine Ausstrahlung wie Inspektor Columbo. Seine Assistentin Chrissoula war zwar zierlich und klein. Dafür entdeckte sie mit ihren Adleraugen jeden Versuch, eine Flasche Schnaps in der mitgebrachten ALDI-Plastiktüte zu verstecken. Beim Kassieren kommentierte sie dann meistens ganz nüchtern: «So, mein Lieber. Und 0,7 Liter Jägermeister aus deine Tüte kommen noch dazu.» Auf frischer Tat ertappt und direkt an der Kasse überführt, zahlten die Diebe meist, ohne zu widersprechen. Nur wenn kein anderer Kunde im Laden war, suchten manche spontan nach einer Ausrede und stellten anschließend die Flaschen wieder ins Regal. Danach taten sie ganz gerne so, als seien sie zu Unrecht beschuldigt worden. Sie rüttelten beispielsweise an den Metallregalen, um damit den Eindruck zu erwecken, die Flasche sei tatsächlich durch eine starke Erschütterung aus dem Sortiment in ihre Tüte gefallen.

Ein paarmal haben Typen mit Strumpfmasken, die wir durch Eduard Zimmermann gut kannten, aber doch ihr Glück versucht und mit «Hände hoch, das ist ein Überfall!» den Kiosk gestürmt. «Schämst du dich nicht, Mike, Kakomiri. Verschwinde, sonst erzähle ich deine Mutter.» Chrissoula erkannte nämlich die meisten Stimmen, Strumpfmaske hin oder her. Als überführter Kleinkrimineller aus der Nachbarschaft ließ er vor Schreck über die Enttarnung sein Brotmesser liegen, machte sich ohne Beute auf die Flucht und kam nie wieder bewaffnet in unseren Kiosk. Leider hatte sich die griechische Überwachungstechnologie nicht über unseren Bezirk hinaus herumgesprochen. So verirrte sich wenig später ein Junkie vom Hauptbahnhof in den Laden. Sein Verlangen nach dem nächsten Kick war so groß, dass er sich auch nicht von Chrissoulas Berkemann-Pantoffel verscheuchen ließ. Der Räuber schubste Mama ins Zeitschriftenregal, griff in die Kasse und zählte erst mal nach. Er kam auf nicht mal 100 Mark und trat deshalb vor Wut in eine Kiste mit Schokoladenweihnachtsmännern. Dann war er weg, Chrissi um 100 Mark ärmer und eine Erfahrung reicher, im Großen und Ganzen aber vollkommen ungerührt. Der Großteil der Einnahmen war nämlich immer in Chrissis selbstgehäkelten Socken neben der Kasse versteckt. Unser Laden war gerade im Winter kalt wie eine Kühlbox. Der Betonbau war schlecht isoliert, außerdem sparte Mama gerne an der Heizung. Wegen der Kälte lag immer noch ein zweites Paar Socken griffbereit, in dem gleichzeitig die meisten Einnahmen versteckt waren. Aus Vorsicht hatte Mama immer nur etwas Wechselgeld in der Kasse liegen. Die kleine Summe aus dem Überfall hatte sie als Betriebsunfall bereits abgeschrieben. In Gedanken war sie nämlich schon beim Familientreffen mit Onkel Giorgos und Tante Irini in Hannover. Wann um Himmels willen sollte sie noch schnell eine Pita und ein paar Frikadellen vorbereiten, wo sie gerade überfallen wurde und die ganzen Weihnachtsmänner verstreut am Boden lagen? Ihre Gedanken an das Weihnachtsessen wurden durch ein lautes Krachen am Ausgang unterbrochen. Es folgte ein lauter Aufschrei, ein dumpfer Schlag und ein schweres Stöhnen. «Ha-Ha-Ha-Hab ich dich», verkündete Johnny mit stolzer Stimme. Er hatte den Überfall hinter dem Regal mit Katzenfutter beobachtet. Der Knastaufenthalt hatte seinen Sinn für Gerechtigkeit weiter geschärft. Der Dieb durfte nicht einfach so davonkommen. Leise pflückte Johnny die Lichterkette von unserem Weihnachtsbaum aus Plastik, schlich sich zum Ausgang und legte das Kabel mit den bunten Lampen auf den Boden. Dann passte er den Moment ab, in dem der Dieb aus dem Laden lief, und zog kräftig an der Kette. So brachte er den Junkie tatsächlich zum Stolpern und musste nur wenig nachhelfen. Mit durchgestrecktem Bein sprang er ihm wie ein Kung-Fu-Kämpfer ins Kreuz. Mit dem Knie drückte er das Gesicht des Räubers auf den kalten Kachelboden. Im Nachsetzen brach er ihm dabei die Nase. Was für eine Sauerei. Bis die Polizei mit Blaulicht und Sirene eintraf, hatte Johnny das Ende der Lichterkette wieder an die Steckdose angeschlossen. Der Gefangene saß zitternd vor unserem Laden und blinkte am ganzen Körper. Dazu lief in Endlosschleife die Melodie von Jingle Bells. Der Fotograf der Harburger Anzeigen und Nachrichten freute sich über das weihnachtliche Motiv: Johnny nahm mit großen Augen das Geschenk von Chrissi an. Bildunterschrift: Auf frischer Tat ertappt. Ex-Sträfling erhält für Zivilcourage Dosenöffner.

5. KAPITEL

KALA CHRISTOUGENNA (FROHE WEIHNACHTEN!)

«Habt ihr euer Kreuz gemacht?», fragte uns Chrissi auf dem Weg von der Wohnung zu unserem vollgepackten Auto. Hinter dem Hochhaus stand unsere Familienkutsche: ein beigefarbener Ford Taunus Turnier. Auf den braunen Stoffsitzen fühlten wir uns wie in unserem zweiten Wohnzimmer. Hinten gab es zwar weder Kopfstützen noch Sicherheitsgurte, dafür war die Rückbank aber mindestens so bequem wie ein Sofa. Über Nacht waren die meisten Autos etwas eingeschneit. Die Harburger Berge sahen richtig weihnachtlich aus. Die Kronen der großen Kiefern waren ganz weiß, als ob sie jemand mit Puderzucker bestäubt hätte.

«Alle Zahlen wie immer», antwortete Christos. Er war warm eingepackt in seinen schwarzen Lammfellmantel, der am Kragen von einem dicken grauen Schal fixiert und weiter oben mit einer roten Pudelmütze gekrönt wurde. Eigentlich mochte er keine Wollmützen, weil sie seine Frisur deformierten. Nach dem Eiskratzen zog er die Mütze dann auch sofort wieder ab und verstaute sie in der Plastikverkleidung der Innentür. Ganz routiniert spulte er dabei, als Reaktion auf Mamas Frage, seine Lotto-Philosophie ab:

«Die Vier für die Anzahl meiner Geschwister», ächzte er, schwer beladen mit Plastiktüten, wie ein Packesel auf der Halbinsel Peloponnes. Als er zur Haustür zurückkam, verriet er die weitere Reihe seiner persönlichen Glückszahlen: Die «12» wählte er wegen der Anzahl der gefüllten Paprikaschoten, mit denen er als Jugendlicher das Wettessen in seinem Dorf gewonnen hatte. Die «25» stand einerseits für Weihnachten. Aber viel wichtiger: Der 25. Dezember war andererseits auch der gemeinsame Namenstag von Chrissoula und Christos.

«28 ist Papas Lieblingstemperatur am Mittelmeer», sagte ich und zupfte dabei an der schwarzen Plastikfliege, die meine weiße Bluse schmückte. An Sonn- und Feiertagen legte uns Chrissi immer unsere besten Klamotten über den Stuhl. Jetzt hätte ich, anders als unter der Woche, wo unsere aufgetragene Kleidung häufig etwas gammelig aussah, ohne Probleme in ein Grand Hotel spazieren können und wäre dabei zumindest nicht sofort wieder rausgeworfen worden. Ich war stolz auf meine schicke Klamotte, allerdings kostete es mich immer etwas Überwindung, in die steinhart gebügelte Bundfaltenhose zu schlüpfen. «Und 32 ist Mamas Lieblingstemperatur», ergänzte Chari und rollte dabei mit den Augen. Er trug traditionell sein weißes Hemd unter einem schwarzen Pullover und kam sich verkleidet vor. Sein modisches Accessoire war eine Fliegermütze aus Kunstfell, die er nicht mal während der Fahrt ablegte. Iannis legte bei den Lottozahlen nach: «Und unten ins Eck machen wir die 43, weil das Kreuz dort einen schönen Platz hat.» Bei allem Aberglauben hat Papa mit all seinen Entscheidungen auch immer etwas Pragmatisches an den Tag gelegt. Vielleicht erhöhte das ja die Gewinnchance. Ganz besonders wichtig war es ihm, dass wir beim Ankreuzen mit dem Kugelschreiber ganz fest aufdrückten, sonst würden wir auf dem Beleg unsere Tipps später nicht kontrollieren können. Kaum vorzustellen, dass Karin Tietze-Ludwig «unsere» Zahlen im Fernsehen vortrug und wir am Ende ein Kreuz vergessen hatten oder nicht richtig erkennen konnten. Das hätten wir uns nie verziehen. Freitags gehörte es, vor Matula und dem Latschenlauf, auch zu unserem Ritual, mit Christos gemeinsam zur Lotto-Annahmestelle zu gehen und abwechselnd den einzigen Block auf dem Tippschein auszufüllen. Auf dem Heimweg fühlten wir uns alle wie künftige Millionäre und schwärmten uns dabei gegenseitig vor, was wir mit dem vielen Geld anstellen würden. Mein kleiner Bruder wollte vom Hochhaus direkt ins Legoland ziehen. Den Rest seines Lebens würde er im Geldspeicher baden wie Dagobert Duck. Chari sah sich unverzüglich im Besitz eines Führerscheins und war in Gedanken mit seinem weißen Golf Cabriolet bereits auf dem Weg zur Lämmertwiete. Dort würde er mit offenem Verdeck parken, aus dem Wagen springen und seine Clique im Café Pustekuchen besuchen, wo sich die coolen Schüler der Oberstufe trafen. Danach spendierte er vor den Augen der vielen verwöhnten Mädchen noch eine Lokalrunde Spaghetti-Eis im Altstadt-Eiscafé und verteilte auf dem Weg in die angrenzende Fußgängerzone Einladungen für seine imaginäre Motorboot-Party an der Elbe. Er plante sein Leben in Saus und Braus in allen Details. In seinem Cabrio wäre beispielsweise die

Musik von «Wham!» tabu. Er hasste den weichgespülten Sound der Popper-Generation. Stattdessen müssten seine Beifahrer die Augen schließen und den Gitarrensoli von Carlos Santana lauschen. Seinen Traumjob als Polizist interpretierte er in seinen Tagträumen dagegen sehr modern. Sein Einsatzgebiet wäre der Harburger Hafen, wo er sich, barfuß in Lederslippern, hauptsächlich mit dicken Schiffen und heißen Miezen beschäftigen würde. Das Wasser zog auch Christos an. Auf den griechischen Urlaubsinseln Kefalonia oder Lefkada plante er in seinen Lotto-Träumen ein eigenes Hochhaus mit mindestens drei Stockwerken. Er versprach jedem von uns ein eigenes Zimmer in der neuen Familienresidenz. Christos tippte manchmal sogar noch die Zusatzzahl (deren Geschichte und Herkunft geheim blieb), damit er nach dem Umzug in die Heimat noch mit der ganzen Familie Urlaub in Amerika machen könnte. «Nix Kreuz bei Lotto, Kinder!», korrigierte uns Chrissi. Sie war nur schwer zu verstehen hinter einem großen Karton, den sie vorsichtig zum Wagen balancierte, ohne dabei im Schneematsch den Halt zu verlieren. Erleichtert stellte sie die selbstgemachte Sahnetorte im Wagen ab und bekreuzigte sich. Der liebe Gott sollte uns sicher zu Onkelchen und Tantchen nach Hannover bringen. «Und du glaubst wirklich, dass Jesus Christus nichts Besseres zu tun hat, als uns die ganze Fahrt auf der A7 zu beschützen? Wir haben für ihn doch gar keinen Platz mehr hier in unserem Lebensmitteltransporter», meckerte Chari, der seinen Fußraum mit zwei Kanistern Olivenöl teilen musste. Mit einer aktuellen Ausgabe der *Hamburger Morgenpost* verkroch er sich in seiner Ecke, versank in der vollgestellten Rückbank und blätterte neugierig im

Fernsehprogramm für die Feiertage. Damit ihn keiner dabei störte, setzte er sich seine Walkman-Kopfhörer auf. Black Magic Woman, diese Teufelsmusik, durfte er auf keinen Fall laut im Auto hören, aber die Götter wurden während unserer weihnachtlichen Ford-Taunus-Schlittenfahrt auch so hellhörig – und bestraften uns.

Das Auto streikte. «Hier tropft es aus die Hubraum», stellte Christos, der um den Wagen gelaufen war, fest und zeigte dabei auf eine kleine Pfütze unter dem Motor. «In Griechenland Auto hätte keine Husten», analysierte Chrissi die Probleme fachgerecht und machte den Wintereinbruch dafür verantwortlich, dass wir liegengeblieben waren. Papa hatte den Wagen gebraucht gekauft, nachdem er die Fahrprüfung im dritten Anlauf bestanden hatte. In den letzten Monaten hatte er den Kiosk damit zuverlässig mit Nachschub beliefern können, nun aber steckten wir fest beziehungsweise rollten die Straße bis zur nächsten Tankstelle herunter. Zufällig fuhr in diesem Moment auch Dr. Schnabel mit seinem Wohnmobil bei Shell vor. Sein Auto war ihm heilig, auch an den höchsten Feiertagen. Als Autodidakt hatte er sich sein Auswandererparadies selber gebastelt, auch wenn seine Harburger Nachbarn sich regelmäßig über das laute Hämmern und Bohren beschweren. Dr. Schnabel ignorierte die keifenden Anwohner auch während der Mittagsruhe und ließ seine Stichsäge absichtlich etwas länger laufen als nötig. Er sagte ja schließlich auch nichts, wenn die Spießer das ganze Wochenende mit ihren Rasenmähern verbrachten, dachte er sich und wünschte sich im selben Moment an seinen griechischen Lieblingsstrand zurück, wo er die letzten fünfundzwanzig Sommer verbracht hatte. Der Mercedes-Transporter war mit sehr viel Liebe zum Detail und noch viel mehr Raffinesse ausgebaut worden. Neben den blau-weiß karierten Gardinen baumelten mehrere Bündchen getrockneten Oreganos aus Chalkidiki an den Campingfenstern. Mit einem lauten «Kalimera, Familie Zervakis» beugte er sich über unsere Motorhaube und winkte nach ein paar Handgriffen ab. «Lasst den Wagen hier stehen, ich nehme euch mit in meinem großen Michanaki.» Das Wort bedeutet eigentlich Motorrad, aber er verwechselte die griechischen Vokabeln seines überschaubaren Wortschatzes genauso häufig wie Chrissi die deutschen Wörter, während sie jetzt versuchte, das Drama in Worte zu fassen: «Nix Heimreise, wir feiern Weihnachten in Hannover bei Onkel und Tante!»

Der freundliche Professor ließ sich nicht so leicht abwimmeln. «Nächste Haltestelle: Hannover. Bitte alle einsteigen und hinsetzen, ich hab eh nix vor.»

Mama durfte vorne neben Dr. Schnabel Platz nehmen. Wie gerne hätte ich die Unterhaltung der beiden verfolgt, aber wegen des lauten Dieselmotors war es unmöglich, auch nur ein Wort zu verstehen. So saßen wir zu viert um den selbstgebauten Campingtisch herum. Christos, Chari, Iannis und ich umklammerten die Kartons mit Essen und schwiegen uns an. Nach der Autobahnauffahrt Heimfeld legte Dr. Schnabel eine Kassette mit griechischen Liedern in das Autoradio ein. Er hatte sie selbst aufgenommen und auch die Hülle selber gestaltet: Aus einem Neckermann-Reisekatalog hatte er einen Olivenbaum vor spiegelglattem türkisfarbenem Meer ausgeschnitten und das das Foto begleitende «neu errichtete Familienhotel, das den Ansprüchen – blablabla» einfach weggeknickt. Neugierig, wie er war, wollte der Professor sich jetzt über den Inhalt seiner Lieblingslieder schlaumachen, wenn er schon mal ein paar Griechen an Bord hatte. So oft hatte er sich gefragt, ob die Sänger in ihrer melancholischen Art vielleicht sogar fröhliche Texte sangen. Jetzt hatte er die einmalige Chance, mit einem «native speaker» seine Vermutungen über den Inhalt der Lieder abzugleichen. Chrissi sollte also für ihn die versteckten Botschaften des Soundtracks übersetzen, der jahrelang für gute Laune auf der Fahrt von Harburg nach Thessaloniki gesorgt hatte. «Hier berichtet ein Fischer vom Fang seines Lebens, erzähle ich meinen Kindern immer. Nicht wahr?» Dr. Schnabel saß wie ein erfahrener Seemann hinter dem großen Steuer und versuchte bei Tempo 90, den griechischen Refrain mitzusingen.

«Du bist mir vielleicht ein Vögelchen, Herr Doktor!», brüllte Chrissi. Sie bekam einen Lachanfall wegen der falschen Übersetzung, ihre Stimme überschlug sich. Sie musste nach Luft ringen. Nur der Autogurt konnte einen Aufprall auf dem selbstgebauten Armaturenbrett aus Olivenholz verhindern. Mama hatte bereits Tränen in den Augen. «Das Lied ist wie große schwarze Wolke an Sonntag. Verstehst du? Iste so schwarz wie meine Herz. Das hat gesungen der große Vassili Tsitsani, als die Deutsche kamen in unsere schöne Land.»

«Oha, sehr frei übersetzt», versuchte der Hochschullehrer seine Fehldeutung zu überspielen und fügte mit einem Lächeln hinzu: «Das liebe ich ja so an euch Griechen. Jedes Wort hat vier, fünf verschiedene Bedeutungen. Alles eine Frage der Interpretation.» Selbstbewusst spulte er weiter bis zum nächsten Lied. «To paliopaido – das Lied vom Feuer, es wärmt das Herz, wie die große Liebe.»

«Vorsicht, hier verbrennt höchstens deine Herz, mein kleiner Philosoph. Dimitris Mitropanos singt hier, dass er ein Lümmel ist, weil er den Frauen das Herz kaputt macht, du Eheverbrecher.»

Wieder hatte Dr. Schnabel etwas gelernt. Das gefiel ihm. Er fühlte sich mit seinen drei Vorlesungen in Sonderpädagogik pro Woche nicht mal während des Semesters ausgelastet. Also geistig. Freiwillig bildete er sich noch als Ethnologe weiter. Die zwei Stunden Sprachkurs mit Chrissi im Auto reichten ihm aber nicht aus. Seine Synapsen waren heute bereit für einen Aufbaukurs in Landeskunde. Kaum hatten wir unser Ziel in Hannover erreicht, lud er sich spontan zum griechischen Familientreffen ein. Er liebte das Land wirklich sehr, wie er nicht müde wurde zu betonen. Außerdem war er froh über jede Stunde, die er von seiner Sibylle fernbleiben konnte, der er sonst bei lästigen Vorbereitungen für den heiligsten aller Abende hätte helfen müssen: Servietten falten, zum Beispiel. Oder Kartoffeln schälen. Und natürlich Schnee schippen. Sibylle Schnabel musste danach wie jedes Jahr in ihrer Kirchengemeinde ran. Sie brachte Hilfsbedürftigen selbstgebackene Dinkel-Hafer-Kekse und las Ihnen danach die Weihnachtsgeschichte vor. Bis zur Mitternachtsmesse musste Dr. Schnabel aus Hannover zurück sein, um Sibylles Ärger in dem Rahmen zu halten, dass er sich bis morgen wieder gelegt haben würde, denn die Feiertage würden sie dann zusammen mit den Kindern verbringen. Besinnlich. «Komm her, meine Kind», begrüßte mich Tante Irini in der Auffahrt zu ihrem Reihenhaus in der Siedlung auf dem Underberg. Wie ein Wrestler versuchte sie, mich anschließend umzuwerfen. Angewidert befreite ich mich aus ihren Armen und versteckte mich hinter einer der zahlreichen Statuen, die in Garten und Eigenheim großzügig verteilt waren. Igitt! «Und wer ist diese Weihnachtsmann?», wandte Irini sich an ihre jüngere Schwester Chrissi, nachdem sie mich in die Flucht geschlagen hatte.

«Der Mann ist Dr. Schnabel. Ohne ihn nix Weihnachten bei euch, weil Auto kaputt.»

«Panagia – Muttergottes! Ich hoffe, Sie sind kein Vegetarier oder so.»

«Gott bewahre! Meine Frau Sibylle isst seit drei Jahren kein Fleisch mehr, deshalb bin ich heilfroh, in Ihrem Stall untergekommen zu sein.»

Irini runzelte die Stirn: Sie hatte Schnabels Anspielung auf die Weihnachtsgeschichte als Beleidigung ihres Eigenheims aufgefasst. Der Tempel war ihr ganzer Stolz.

Schnabel fühlte sich sichtlich wohl und sog den Geruch des Schweinebratens tief ein, der kurz nach dem Frühstück in den Ofen geschoben worden sein musste und seitdem seinen Duft im ganzen Haus verbreiten konnte. Ah! Dieses Jahr kam er also unverhofft zu einem anständigen Weihnachtsmenü. Die restlichen Feiertage gab es dann bestimmt wieder Schonkost. Sibylle drohte schon unter der Woche wegen seines leichten Bauchansatzes mit Zucchiniplätzchen und Fencheltee. Onkel Giorgos kam leicht verschlafen direkt vom Sofa in die pompöse Eingangshalle mit all den Halbgöttern aus Gips. Hier trafen die Doubles von Aphrodite und Poseidon auf Gelsenkirchener Barock; griechische Vasen hatten hier ebenso ihren Platz wie kitschige Porzellanfiguren von Hutschenreuther oder Lebkuchenherzen vom letzten Schützenfest in Hannover, auf denen mit Zuckerguss «Für meinen Spatz» stand. «Ja sas!», begrüßte er uns jetzt mit großem Hallo. Immerhin war er heute nicht halbnackt. In den Sommermonaten begrüßte Giorgos seine verdutzten Gäste zwar nicht im Adamskostüm, aber durchaus in Unterwäsche, Modell Feinripp, auf deren Gummibund umlaufend der Name GIORGOS gestickt war. Heute jedoch kaschierte er den Großteil seines behaarten Körpers mit einem gestreiften Bademantel. Er küsste Papa mindestens so leidenschaftlich wie Tante Irini, verschwand danach wieder im Schlafzimmer und zog sich ein weißes Hemd mit Haifischkragen an. Am Hals frischte er sich, weil Weihnachten war, mit Old Spice auf. Er war der Meinung, dass dieser Duft aus Zimt, Salbei, Zeder und Zitrone besser zum Weihnachtsmenü passen würde als Tabac, dessen herbwürzige Note er sonst bevorzugte. Seinen zeitlosen Stil änderte er über all die Jahre nur dann, wenn seine Hose nicht mehr passte. So wirkte er auf mich wie ein echter Gentleman mit gutem Geschmack – zumindest was seine Kleidung betraf (wenn er welche trug), nicht unbedingt seine Inneneinrichtung. Sinnigerweise betrieb er in den ersten Jahren in Deutschland ein Schuhgeschäft, später einen Supermarkt und ist am Ende mit einem Restaurant auf die Schnauze gefallen. Trotzdem schaffte er es mit einem, sagen wir mal, kreativen Händchen immer wieder, genügend Geld aus der Konkursmasse abzuzweigen, um damit ein neues unternehmerisches Abenteuer anzugehen. An der Pleite seines Feinschmeckertempels, die erst wenige Monate zurücklag, waren angeblich die Jugoslawen schuld, die sich jetzt Stefanovakis nannten und in der Nachbarschaft eine

«Hellas Stube» aufgemacht hatten. Das Essen war zwar schlecht, die Gyrosplatte aber nur halb so teuer wie das Original bei Onkelchen. Die Stepanovićs grillten ihr billiges, fettiges Fleisch absichtlich etwas schwarz an, um den schlechten Geschmack zu verschleiern. Den Rest konnten die Gäste dann mit viel Ouzo aufs Haus wegspülen. Der letzte Eindruck bleibt eben hängen. Onkel Giorgos musste sein «Olympia» schließen und verdiente sein Geld jetzt damit, die betrunkenen Gäste aus der «Hellas Stube» in einem Mercedes 300 D nach Hause zu fahren. Das Auto gehörte zwar einem Taxibetrieb, trotzdem legte Onkelchen zum Dienstantritt immer seine eigenen Teppiche im Fond aus. Auf der Hutablage war sogar ein weißer Schal drapiert worden, um eine unverwechselbare Atmosphäre zu schaffen.

Zu Hause war ihm das definitiv auch gelungen. Zum Glück gab es damals noch keine Flachbildschirme. Wo hätten die Gäste sonst Großmutters Häkelkunst bewundern sollen? Die vielen verhüllten Objekte waren eine Mischung aus Kunst und Konservierung, durch die weiße Pracht blieben unter anderem der Röhrenfernseher und die Stereoanlage vor Sonne und Staub geschützt. Die gehäkelten Deckchen lagen sogar auf dem Gäste-WC. Der heilige Ort wirkte dadurch wie eine kleine orthodoxe Kapelle im Meteora-Gebirge. Ich dachte als Kind immer, die Götter würden beim Anheben des Klodeckels dafür sorgen, dass die Decke sich keinen Zentimeter bewegt. Später erklärte mir Tantchen den Trick mit dem beidseitigen Klebeband, das die Schwerkraft überwand. Auch Onkelchen verblüffte uns immer wieder mit seinem griechischen Innovationsgeist. Seit kurzem hatte sogar die Fernbedienung eine Art Schonbezug, über die wir uns während unserer gemeinsamen Fernsehabende in Harburg oft lustig machten. Chari stellte sich dann auf den Hocker, drückte das Gerät an seine Brust und imitierte Giorgos' Dialekt. «Ich bin es leid, diese Teile immer mit Q-Tips reinigen zu müssen. Deshalb wickele ich Fernbedienung jetzt immer in Frischhaltefolie.»

In der Küche, in die es Mama, Tante Irini und Dr. Schnabel mittlerweile verschlagen hatte, unterbrach Mama die Erzählungen des Professors von «Schalkidiki» mit einem entschiedenen «Ich interessiere mich nix für Bohnen». Beleidigt zog er ins Wohnzimmer ab, wo Papa und Onkel Giorgos nicht auf ihn warteten. Kaum war der Oberlehrer aus der Küche verschwunden, regte Irini sich auf: «Laufen wie Adam und Eva mit ihren Pferdeschwänzen am Strand entlang. Bah, beim Namen meiner Mutter – niemals will ich so was wiedersehen wie damals in Kallithea.» Irinis Stimme überschlug sich mehrmals, als sie von ihren Strandbeobachtungen berichtete, die zwar schon ein paar Jahre zurücklagen, sie aber nachhaltig erschüttert hatten: Die Wagenburgen rund um die Lagerfeuer hatten sie an die Besatzerzeit im Zweiten Weltkrieg erinnert, obwohl die Campingmobile keine Hakenkreuze mehr auf den Schiebetüren trugen, sondern bunte Blumen oder PEACE-Zeichen. In den Tavernen klangen viele Bestellungen der neuen Besatzergeneration aber immer noch nach dem Auftreten eines Oberfeldwebels. «Kosta, mach mal vier Bier. Zack, zack.» Und dann waren sie auch noch alle nackt!

Dr. Schnabel ließ sich jetzt im Wohnzimmer von meinem Onkel bedienen und erklärte ihm dabei den Unterschied zwischen einem Riesling und einem Retsina. Sosehr er die griechischen Produkte schätzte, am Ende waren die Deutschen in seinen Erzählungen die Überlegenen, natürlich auch die deutschen Winzer. «Ihr Deutsche baue die beste Automobil der Welt», versuchte Giorgos im Wettstreit der Nationen einzulenken. «Aber nur die Grieche weiß, wie man schöne Auto richtig fährt. Mit Aphrodite auf Nebensitz.» Treffer, versenkt. Dr. Schnabel nahm einen weiteren kräftigen Schluck eiskalten Retsinas und ließ sich nach hinten in die Couch fallen. Vermutlich stellte er sich vor, er würde schwerelos wie ein Astronaut im Weltall auf dem Rücken durch eine Bucht in der Ägäis treiben. Er beneidete die beiden Machos auf dem Sofa ganz, ganz heimlich. Während er jede Gelegenheit nutzte, um zu Hause auszubrechen, damit er von Sibylle nicht in die Küche zitiert wurde und dort eine Bratpfanne über den Kopf bekam, saßen die beiden Paschas ganz entspannt auf dem Sofa und ließen sich von ihren Frauen ein Gericht nach dem nächsten servieren. (Er wusste ja nicht, dass es bei uns zu Hause Papa war, der kochte.) Nicht mal zum Rauchen mussten sie aufstehen und das Wohnzimmer verlassen. Zu Hause wurde er mit seiner Pfeife sogar im Winter ausgesperrt. Schon oft hatte er sich überlegt, früher in Rente zu gehen, nach Chalkidiki auszuwandern, am Strand zu sitzen und nebenbei vielleicht eine Werkstatt für Wohnmobile hochzuziehen. Stattdessen befahl ihm Sibylle neuerdings nach der Arbeit, gemeinsam mit ihr die Aerobic-Übungen der Sendung «Enorm in Form» nachzuturnen. «Wenn Schnauze voll, musst du machen neue Geschäft. Verstehst du, Schnabel?»

«Na ja, andererseits bekomme ich hier später eine gute Rente, meine Lebensversicherung ausgezahlt und immer meine Massage auf Rezept», versuchte der Akademiker seine Komfortzone vor den beiden Arbeitern zu verteidigen.

«Ich mache bald aus meine Teller Millionär», kündigte Giorgos seine neue Geschäftsidee als Taxiunternehmer an. «Jamas!»

Wir Kinder verstanden die Gespräche nur sehr ungefähr, klebten am Fernseher und verfolgten das restliche Weihnachtsprogramm. Nicht nur die Fernbedienung war geschützt, auch das Sofa wurde geschont. Offensichtlich hatte sich meine Tante rote und türkisfarbene Flokatiteppiche schneidern lassen, die auf den Polstern lagen. Wir machten es uns richtig bequem und schauten, ausgestattet mit ein paar kalten Hähnchenschenkeln, eine neue Folge der ZDF-Weihnachtsserie «Silas» an, in der Patrick Bach gerade aus einem Wanderzirkus geflohen und bei einer alten Hexe untergetaucht war. Die Pferdekrähe stand am Herd, schliff ihr Messer und bereitete ein Huhn zu. Die Szene erinnerte mich sofort an einen Besuch im Dorf meiner Mutter. Mein Cousin hatte ein Huhn einfach an den Beinen gepackt und so lange geschleudert, bis es keinen Laut mehr von sich gab. Dann legte er es auf einen Baumstamm und trennte mit einem Beil den Kopf ab. Das Huhn lief ohne Kopf weiter. Ich fand es gruselig und schrie laut auf, als mein Cousin mich auf dem Plumpsklo hinterm Haus mit dem Kopf in der Hand überraschte. Damals war mir der Appetit vergangen, jetzt freute ich mich aber auf das große Weihnachtsmenü. Das Buffet von Tantchen hätte jedes Angebot auf einem Kreuzfahrtschiff weit übertroffen. Es gab alleine vier warme Gänge. Zum Start eine Giouvarlakia-Avgolemono-Suppe. Giouvarlakia heißen die Fleischklößchen, und Avgolemono ist die leckere Suppe aus Ei und Zitrone. Danach konnten wir wählen zwischen Ofenkartoffeln mit Zicklein, gefüllten Auberginen oder Stifado (extra für Papa). Meine Tante hätte es natürlich am liebsten gesehen, wenn wir von allen vier Speisen gegessen hätten. Der Tisch bog sich außerdem noch unter dem Wildsalat «Chorta», einem griechischen Bauernsalat «Choriatiki», Tzatziki, Frikadellen, Zuchinipuffern, selbstgemachter Schafskäsepita «Tiropita», gefüllten Weinblättern und frittierten Sardellen «Gavros». «Schmeckt nach Red Gum», wunderte sich Iannis, als er vom Stifado probierte.

«Wir nehmen Zimt, um Fleisch zu konservieren. Kein Kaugummi, du kleiner Esel», erklärte ihm Tantchen die Geheimnisse der hellenischen Küche.

«Aber das Lamm schmeckt dafür nach Spearmint», war sich Iannis sicher. «Deine Sohn nur noch essen Süßigkeiten im Kiosk?», fragte Irini.

«Iannis isse eine gute Junge», beruhigte sie meine Mutter.

«Na gut, dann nimm das.» Zur Strafe servierte sie ihm ein Stück glibberiges Ziegenfleisch, obwohl er mit beiden Händen über dem Teller abgelehnt hatte. «Iannis, musse doch groß und stark werden.»

Die Männer hatten eine Rarität aus der Konkursmasse entdeckt und zum kleinen Verteiler erkoren: einen Metaxa Grand Fine in einer handbemalten Porzellanflasche. Der Inhalt tröstete Dr. Schnabel über seine fünfminütige Lebenskrise von vorhin hinweg und gab ihm neue Energie. Beschwingt holte er seine Kassette aus dem Wohnmobil und legte sie bei Giorgos in das Küchenradio. Wir saßen inzwischen wieder vor dem Fernseher und waren sichtlich genervt von den Erwachsenen, die wir peinlich fanden. Sie legten die Arme aufeinander, und los ging's. Aus meinem Augenwinkel konnte ich eine Mischung aus Polonaise und Sirtaki beobachten, die sie in Ekstase versetzte. Die Tänzer passten sich also der Einrichtung an. Die volle Punktzahl bei «Let's Dance» hätten sie für die Showeinlage aber auch heute nicht bekommen, weil sie durch den Alkohol schon reichlich benebelt waren und eher Achten liefen, als im Kreis zu tanzen. Dr. Schnabel hatte aber noch immer nicht genug. Er versprach, noch schnell eine Flasche Retsina aus seinem Bus zu holen, und verschwand. Als er nach zwei Stunden noch immer nicht zurück war, machte Chrissi sich Sorgen, lief nun ebenfalls raus und fand Schnabel schnarchend in seinem eiskalten Wohnmobil. Ohne Decke. Immerhin wärmte ihn von unten ein Lammfell. Mama deckte ihn mit einer Wolldecke zu und kam noch mal zurück. Wir verabschiedeten uns genauso leidenschaftlich, wie wir uns begrüßt hatten, wobei die Freude über das Wiedersehen nun von einer tiefen Trauer überlagert wurde, als müsste jemand von uns eine Raummission antreten, deren Ausgang ungewiss war. Dabei fuhren wir nur nach Harburg! Als Abschiedsgeschenk gab es ein Paket Frikadellen und Pita für unterwegs. Kali Orexi, guten Appetit!

Christos war nicht mehr fahrtüchtig und legte sich zufrieden neben den schlafenden Schnabel. Das war Chrissis große Stunde. Endlich durfte sie mal einen Lastwagen lenken, auch noch durch 15 Zentimeter Neuschnee. Da wir alle in unseren eigenen Betten schlafen wollten, ließen wir Mama ohne Widerstand ans Steuer. Denn eigentlich fuhr sie schon seit Jahren nicht mehr, nachdem ihr Lieblingscousin beim Autofahren ums

Leben gekommen war. Sie hatte sich danach geweigert, uns bei strömendem Regen auch nur 750 Meter zur Schule zu fahren. Gleichzeitig gab sie aber gerne damit an, dass sie die schriftliche Prüfung fehlerfrei bestanden hatte – und das bei ihren überschaubaren Deutschkenntnissen. Den Führerschein konnte sie im Gegensatz zu Papa schon nach der ersten praktischen Fahrprüfung vorweisen. Chari musste ihr jetzt trotzdem dabei helfen, die Gänge einzulegen. In scharfen Kurven unterstütze er sie auch beim Kurbeln am Lenkrad. Als Kopilot probierte er sämtliche Schalter aus, weshalb wir zeitweise auch mal ohne Licht über die Autobahn fuhren. Zum Glück war an Heiligabend auf den Straßen nicht viel los. Iannis und ich bekamen von all dem nicht mehr viel mit. Wir hatten es uns hinten zwischen den schnarchenden Männern gemütlich gemacht. Geweckt wurden wir nur, wenn Chrissi aus Versehen vom vierten in den zweiten Gang schaltete und das Getriebe röhrte wie ein mattes Weihnachts-Ren.

Als wir auf den Parkplatz der Paulus-Kirche rutschten, weckte sie Dr. Schnabel und begleitete ihn die wenigen Meter vom Parkplatz zur Kirchenbank. Zum Glück war die Mitternachtsmesse noch nicht beendet. Das Ende der Weihnachtsgeschichte soll noch ganz harmonisch gewesen sein, behauptete Schnabel im nächsten Frühling, nachdem er sich im Kiosk über mehrere Wochen nicht mehr hatte blicken lassen. Die Nachbarn der Schnabels erzählten eine andere Geschichte, an deren Ende sich Sibylle nicht so sehr über die Geschenke aus Hannover gefreut hätte. Tante Irini hatte in Papierservietten mit Sternen stilecht zehn Frikadellen, ein Stück Lammkeule und drei Hähnchenschenkel eingepackt.

6. KAPITEL

DAS ORAKEL VOM FLUR

Weihnachten, Ostern, Sommerferien. Alles lief wie gewohnt bis zum Start des neuen Schuljahres, für das ich schon vor dem ersten Betreten des Klassenzimmers ein Motto ausgerufen hatte: Schule ist doof! Mein großer Bruder gab mir im Prinzip recht, überzeugte mich beim Frühstück aber doch, ihn auf das Friedrich-Ebert-Gymnasium zu begleiten. Bei der Vorstellung meines neuen Klassenlehrers Erwin Steiger hätte ich am liebsten die Flucht ergriffen. Ich musste mich aber auf das Hier und Jetzt konzentrieren, denn Herr Steiger nuschelte schon in der ersten Stunde mehrere Zahlenkombinationen in seinen Vollbart – die Termine für unsere Leistungstests in Mathe und Physik. Als großer Anhänger der Zufallstheorie räumte er sich natürlich großzügig das Recht ein, jederzeit auch unangekündigt eine Arbeit schreiben zu lassen. Ich wollte da nicht mehr hin! Am zweiten Schultag war Chari schon nicht mehr ganz so geduldig und galant und lehnte gelangweilt an der Betonwand neben unserer Haustür, umrahmt von Briefkästen: Zerbeult waren sie alle, aufgebrochen manche. Ich hörte von draußen ein langes Pffff und anschließend einen Knall, die Tonfolge verlieh dem Ganzen die klangliche Gestalt eines Countdowns. Chari machte Kaugummiblasen, ließ sie platzen und wartete dabei wie immer auf seine kleine Schwester.

Die Schulferien hatte ich überwiegend bei Tante Toni und mit dem ZDF-Ferienprogramm, präsentiert von der charmanten Hansi Fischer, verbracht. Bei gutem Wetter machten wir schöne Tagesausflüge mit dem Fahrrad und pflückten Himbeeren auf den Lichtungen der Harburger Berge oder Heidelbeeren in der Fischbeker Heide. Hier war es bei blauem Himmel mindestens so idyllisch und so einsam wie in Südschweden, wo die Zahnarzttochter Steffi Bieber mit ihrer Familie immer Urlaub machte. Wegen der vielen Heidesträucher roch es auch genau so, wie ich mir den Duft von Småland vorstellte, wenn die Sonne schien. Ich schloss die Augen und spürte den warmen Sand unter den Füßen und dachte an unsere Strandurlaube, bis mich eine Waldameise, die an meinem Bein hochkrabbelte, aus meinen süßen Träumen riss. Das Naturschutzgebiet war, von unserem Hochhaus gesehen, gleich um die Ecke: mit der S-Bahn drei Stationen von Harburg-Rathaus bis nach Neugraben, wo es in den Bahnhofsecken nach Urin roch und die meisten Gäste am Kiosk schon tagsüber eine Fahne hatten wie bei uns im Laden frühestens gegen 16 Uhr. Mit dem Fahrrad brauchten wir von der Station noch 15 Minuten bis in die Heide; 15 Minuten, um von einer kaputten in eine heile Welt zu kommen. Am Arsch der Heide war es also viel schöner, als der Name vermuten ließ. Nach unserem Ausflug in die Einsamkeit zogen wir unsere Schuhe wieder an, verstauten die Dosen mit Heidelbeeren und achteten sorgsam darauf, mit den Rädern nicht durch die vielen Glasscherben zu fahren. Von den Messerstechereien und Schlägereien, die am Bahnhof Neugraben auf der Tagesordnung standen (beziehungsweise in den Spätnachrichten gezeigt wurden), bekam ich nichts mit. Bis zur Tagesschau waren wir von unseren Ausflügen zurück, weil Tante Toni aus dem gesammelten Obst noch leckere Marmelade kochen wollte. Eine Woche hatten wir auch in Cuxhaven mit Wattwandern bei Wind und Wetter verbracht. Die Nordsee war zwar nicht das Mittelmeer, die frische Luft bekam mir aber gut, und wie immer am Meer hatte ich ununterbrochen Hunger. Weil ich aussah wie ein Strich in der Landschaft, nutzte meine deutsche Tagesmutter jede Gelegenheit, um mir ein Backfischbrötchen mit Remoulade zu spendieren. Auf dem Rückweg vom Strand durfte ich mir auch immer ein Eis aussuchen, weil ja Ferien waren, so die Begründung. An ungeraden Tagen durfte ich ein Cornetto Nuss essen, ansonsten entschied ich mich für Capri. Am Wochenende, am Ende eines Cornetto-Tages, holte uns dann Onkel Günther in seinem silbernen Audi 80 ab. Ich schaute auf der Rückfahrt von Cuxhaven nach Harburg aus dem Fenster. Auf den Weiden grasten ganz viele Kühe. Ich erzählte Tante Toni von Hermes, den ich in der griechischen Schule kennengelernt hatte. Der Gott der Herde passt auf, dass die Tiere ihren Weg finden und nicht in eine Schlucht stürzen. Ich war felsenfest davon überzeugt, dass Hermes sogar manchmal in dieser trostlosen Tiefebene vorbeischaute, damit die Produktion von Milchspeiseeis nicht gefährdet war. Bei dem Gedanken daran fand ich es nur noch halb so schlimm, dass unsere Reise nach Griechenland abgesagt worden war: Wir konnten den Kiosk in diesem Sommer nicht schließen.

Auch vor meinem zweiten Schultag war ich noch immer geblendet von den glänzenden Haaren meiner neuen Mitschüler und ihren sanft ins Neonfarbene schwappenden Klamotten. Ich schämte mich für mein einfaches Aussehen, trödelte rum und suchte nach einer Haarspange in der Kommode, die wenigstens ein bisschen Glamour verhieß. Plötzlich hörte ich eine unbekannte Stimme im Flur, die sich dem Kaugummiblasen-Pff beimischte. Oder nein, die Stimme war eigentlich viel näher. Hm, komisch, außer mir war eigentlich keiner mehr in der Wohnung. «Wo willst du denn hin, du hässliches Entlein?» Es gab sie also wirklich, die griechischen Götter, deren Existenz Chari in letzter Zeit immer häufiger bezweifelt hatte. Mal stellte er Aphrodites Treue in Frage, dann beschimpfte er Dionysos als einen Säufer. Für diese dreiste Geschichtsverdrehung wurde er zwar nicht vom Blitz getroffen, aber von Chrissi mindestens ebenso schmerzhaft mit der Berkemann-Pantolette bestraft wie sonst nur die Opfer von Zeus. «Der passt wie die Faust ins Auge», kommentierte Chrissi ihren Volltreffer stets. Ich wollte eine ähnliche schmerzhafte Bestrafung wegen Gotteslästerung definitiv vermeiden und hielt es jetzt für geboten, diese seltsame Botschaft keinesfalls zu ignorieren. Erschrocken schaute ich in den Spiegel und fragte mich, in welcher der Rosen, die den weißen Plastikrahmen zierten, die Götter wohl ihren Lautsprecher versteckt haben mochten. «Wieso klebt ein Pflaster unter deinem linken Brillenglas?» Oh nein, es ging weiter. Noch immer sprach ein Unbekannter zu mir. Diesmal aus einer anderen Rose. Offenbar befand ich mich vor einem Schönheitsfehlertribunal und war wegen hässlicher Verbrechen angeklagt. Ich verwies auf meinen Augenarzt und war danach mit meinem Latein am Ende. «Und warum trägst du eine Kartoffel im Gesicht, Linda?» Die Größe meiner Nase hatte mich schon in der Grundschule beschäftigt. Der Nasenrücken war für griechische Verhältnisse ziemlich gerade und schmal, kurz vor den Nasenflügeln hatte mein Schöpfer aber einen dicken Bommel drangehängt. An manchen Tagen war er fast so groß wie ein Pingpongball. Die Knolle war also viel zu dick. Schon damals hatte ich das Gefühl, solche Nasen gehören europaweit, eigentlich weltweit verboten. Und die Kartoffel «Linda» in ihrer meine Nase imitierenden Form gleich mit. Leider hat sich dabei der Freundeskreis «Rettet die Linda» durchgesetzt; die Kartoffel gibt es noch in der Erde und die Nase in meinem Gesicht. In Griechenland hingegen sind die Zeiten, in denen man mit einer langen Maria-Callas-Nase einen Milliardär wie Onassis verführen konnte, definitiv vorbei. Nicht umsonst haben sich viele meiner Kolleginnen im griechischen Fernsehen inzwischen ihren Zinken entfernen lassen. Die Schönheitschirurgen zwischen Athen und Thessaloniki waren schwer damit beschäftigt, feine Stupsnasen vom Typ Nicole Kidman zu modellieren. «Und wer bitte schön hat dir den Pony geschnitten?», nervte die Stimme in strenger Tonlage weiter, in der heute Heidi Klum zahlreiche Teenager verunsichert. Ich verwies auf meine Friseurin Chrissi, die schon seit Jahren für den Pagenschnitt Modell Mireille Mathieu verantwortlich war. Beim Versuch, meine buschigen Augenbrauen noch etwas besser zum Vorschein zu bringen, war sie in meinen dicken Haaren stecken geblieben und mit der Schere abgerutscht. Da ihr Werkzeug unter anderem auch für die Petersilien- und Tomatenernte auf unserer Terrasse zum Einsatz kam, war die Klinge nicht mehr ganz so scharf. So konnte sich Chrissis Talent als Stylistin nicht richtig entfalten. Seit einer Woche hatte ich also noch zusätzlich ein auffälliges Dreieck in meinem Pony. Danke noch mal dafür, Mama. Ich wurde im Laufe des Verhörs immer unsicherer und stemmte meine spindeldürren Arme in die fehlende Taille. Immerhin kaschierte der neue petrolfarbene Nicki-Pullover meine Trichterbrust. Auch mein Spreiz-Senkfuß war eher ein Defekt, den nur Orthopäden mit langjähriger Berufserfahrung erkennen konnten. In der Schule versteckte ich die Einlagen vor dem Sportunterricht meistens in meinem Turnbeutel. Mit der Zahnspange war das leider nicht möglich. Das Monster in meinem Mund konnte nur der Kieferorthopäde entfernen. Zwei Jahre musste ich mich noch gedulden, dann waren wenigstens die Zähne wieder schön, so das Versprechen von Doktor Herre. Bevor auch das in dieser Schneewittchen-rückwärts-Fassung des 20. Jahrhunderts noch zur Sprache kommen konnte, zog mich mein Bruder vom Spiegel weg. «Kommst du endlich, wir verpassen noch den 142er ...», sagte Chari genervt. So wackelte das hässliche Entlein bis zur Bushaltestelle und rechnete noch am gleichen Tag mit einem lebenslänglichen Hausverbot durch den Schuldirektor: «Linda konnte am Unterricht leider nicht teilnehmen, sie war nicht schön genug für das Friedrich-Ebert-Gymnasium.»

Vielleicht würden mich meine Eltern nach dem Schulverweis im Spätsommer wenigstens als Erntehelferin zu Tante Eleni nach Griechenland schicken, redete ich mir ein und versuchte, mich mit dem Gedanken daran abzulenken. Der große Sommerurlaub in der Heimat war nach den ersten Quartalsbilanzen auf das nächste Geschäftsjahr verschoben worden. Der Kiosk lief nach einem Jahr zwar schon ganz ordentlich. Dummerweise hatten meine Eltern aber die Rechnung bislang ohne die Umsatzsteuer gemacht. Die wichtigsten Tipps und Tricks im Überlebenskampf mit den deutschen Finanzbeamten lernten Mama und Papa erst im Laufe der Zeit und des Ouzos kennen, denn zu den Freunden des Hauses, auf die immer ein Fläschchen ganz hinten im Eisfach wartete, zählte nun auch unser Steuerberater. Holger Gerdes hatte vor ein paar Jahren die Seiten gewechselt. Jahrelang war er bei jeder Beförderungsrunde im Finanzamt übergangen worden. So erzählte er es zumindest Christos, als Otto ihn kurz nach der Ladenübergabe auf ein kleines Bier vorbeibrachte und ihn als ausgebufften Steuerberater empfahl. Wegen seines (von der Enttäuschung darüber entfachten) Alkoholkonsums war er mehrfach auf dem Schreibtisch eingeschlafen und irgendwann gefeuert worden. «Kennste den? Sitzen zwei im Büro und einer arbeitet ...», hatte Otto ihn vorgestellt.

«Hä?» Der Steuerberater mit seinem glasigen Blick konnte Otto genauso wenig eine Antwort geben wie Papa, der den deutschen Humor auch nach Jahren nur bedingt verstand. «Ein Beamter und ein Ventilator.» Über diesen Witz konnte selbst Papa lachen, nur Holger Gerdes winkte ab, ohne sein rotes Gesicht zu verziehen. «Im Becher ersaufen mehr als im Meer», kommentierte er seine verpasste Karriere so bierselig wie lakonisch.

Das war wieder so ein Satz, der für Christos genauso schwer zu verstehen war wie das deutsche Steuersystem. Und der Rülpser nach den ersten Silben machte die Aussage nicht gerade verständlicher. Herr Gerdes suchte nach dem Flaschenöffner, der seinen festen Platz an einer langen Kordel neben der Kasse hatte, damit ihn niemand «aus Versehen» einsteckte. Diese eigentlich ziemlich einfache Konstruktion war meinen Eltern aber auch schon zum Verhängnis geworden: Otto war kurz nach seinem Seitenwechsel im Vollrausch beim Öffnen einer Flasche mit seinem Ellenbogen vom Tresen abgerutscht, verlor das Gleichgewicht, stürzte zur Seite und fand auch keinen Halt mehr an der selbstgebastelten Konstruktion. Im Gegenteil. Bei seinem Sturz riss er das ganze Regal aus der Wand. Bücher, Dosen und Regalböden fielen Christos krachend vor die Füße. Das Chaos war Otto, der vom Aufprall auf dem Betonfußboden ernüchtert war, zunächst peinlich, am nächsten Tag stand er aber wieder da, als wäre nichts geschehen. Und bestellte ein kaltes Bier für sich und für seinen Kumpel Holger. Wie immer. «Mein lieber Herr Kanalarbeiter!» Pause. Ein kräftiger Schluck. «Auf den Schreck erst mal was trinken.» – «Aaaah.» Schweigen. Mehr gab es heute nicht zu sagen. Nach jedem Schluck machten sie entweder eine Grimasse, seufzten, wippten mit dem Kopf oder wiederholten alles der Reihe nach. Die Geheimsprache der Trinker. Nach ein paar Minuten klopfte Otto dreimal mit der flachen Hand auf den Tresen. Das war die heimliche Aufforderung. Der Pate erinnerte an sein Schutzgeld. Christos verstand das Klopfzeichen und holte kommentarlos die Schnapsflasche aus dem Eisfach. Der Ouzo, für die guten Freunde des Hauses. Er schraubte die Flasche auf, servierte seinen beiden Stammgästen zwei eisgekühlte Gläser. Er schenkte sie genau so ein, wie sie es erwarteten. Randvoll. Der Schnaps musste ihnen über die zittrigen Zeigefinger laufen. Ein wichtiges Ritual. Finger ablecken, schütteln und dann ganz laut und zufrieden durchatmen. «Puuuh ...» Otto schüttelte sich. – «Leckerschmecker», behauptete Holger. Meistens schmeckten die abgeleckten Finger bestimmt ganz schön bitter. Das lag an den versteckten Überresten aus der Nase, dem Ohr oder dem fettigen Haar, die sich unter den ungepflegten Nägeln angesammelt hatten.

Komisch, dachte sich Christos. Als Herr Gerdes noch mit sauberen Fingern pflichtbewusst die Belege im Finanzamt durchgeblättert hatte, war er bei vielen im Bezirk ein verhasster Erbsenzähler gewesen. Auf der guten Seite war er erst angekommen, als er seinen Kumpels beim Zechen mit seinem Geheimwissen dabei half, den Staat zu bescheißen. Endlich hatte er seinen Platz gefunden. Für seine Schummelei wurde er zunächst akzeptiert und irgendwann auch endlich respektiert. Christos traute sich nicht zu fragen, warum aus dem zufriedenen Staatsdiener über die Jahre ein erbitterter Staatsfeind geworden war. Gerade nach ein, zwei Anisschnäpsen wurde er manchmal ausfallend und fing ziemlich unangenehm an, über den deutschen Staat zu schimpfen. «Wer hat uns verraten? Die Sozialdemokraten! Mal wieder! Prost!!» Der biedere Kirchendiener, der gut gelaunt den Laden betrat, wurde dann in kürzester Zeit zum Hassprediger. Gerdes hatte über die Jahre den Glauben an ehrliche Arbeit und Gerechtigkeit verloren. Immer wieder plauderte er aus dem Nähkästchen. Vom Sparkassendirektor und seinem Nummernkonto in der

Schweiz. Von der Frau Direktorin, die sogar den Skiurlaub als Geschäftsreise absetzen wollte. Ganz genau habe ich diese Geschichten damals nicht verstanden. Heute denke ich, wenn er um diese Uhrzeit im Finanzamt auch schon so benebelt war, dann ist zumindest klar, warum er nie befördert wurde. Nach seiner Kündigung rächte er sich mit seinem eigenen Steuerbüro an «Vadder Staat». Er entwickelte mit Vorliebe Modelle, mit denen auch der kleine Mann ganz groß Steuern vermeiden konnte. Dabei berief er sich am liebsten auf das Recht auf Vergessen. Damit seine unqualifizierten Nachfolger ja nicht zu viel arbeiten müssten, empfahl er spätestens nach dem dritten Ouzo die Ablage Mülltonne. Auch bei größeren Rechnungen. Hin und wieder nahm wohl auch Christos einen dieser Steuertipps an, um wettbewerbsfähig zu bleiben. Generell zahlte er aber lieber zuverlässig die anfallenden Beträge, damit er am Ende nicht wegen einer mickrigen Summe seine Aufenthaltsgenehmigung aufs Spiel setzte.

Ein Jahr nach der Übernahme des Kiosks hatten meine Eltern die meisten Kinderkrankheiten besiegt. Sogar das Kühlregal war inzwischen weitgehend abgedichtet, sodass der Laden nicht mehr ständig unter Wasser stand. Vielleicht war es der übermäßige Konsum der darin verstauten Schätze, vielleicht die Cornetto-Kur bei Tante Toni, jedenfalls hatte ich mit Beginn des neuen Schuljahrs ständig Bauchschmerzen. Vielleicht lag es auch an der Pubertät. Jedenfalls konnte mir kein Kinderarzt mehr mit einem Zäpfchen helfen. Auch die Wirkung von Kräutertees aus der Heimat half nur meinen Eltern beim Einschlafen auf dem Sofa. Am Vorabend einer Mathe-Klausur wälzte ich mich von links nach rechts.

Schon beim Gedanken an den nächsten Tag im Klassenzimmer der 5a wurde mir schlecht, und mit meinen bis dahin guten Schulnoten ging es langsam bergab. Sobald ich an die Tafel gerufen wurde, stellte sich bei mir eine Mischung aus Lampenfieber und Alzheimer im Frühstadium ein. Ich war irritiert über die Symptome dieser seltsamen Krankheit.

Ich rechnete also mit dem Schlimmsten für meine weitere Karriere auf dem Gymnasium und bereitete mich schon darauf vor, mein Geld bald als Haushälterin in den Anwesen meiner Mitschüler zu verdienen. Im Gegensatz zur Grundschule gehörten viele meiner neuen Klassenkameraden zur oberen Mittelschicht. Allein ihr Taschengeld reichte wahrscheinlich aus, um unsere fünfköpfige Familie durchzufüttern. Ihre Mütter mussten nicht arbeiten und waren fast immer zu Hause. Zumindest wenn ich vorbeikam. Ich fand schnell Anschluss und hatte es an unseren Verabredungen am Nachmittag nicht weit. Dabei kam ich mir vor wie ein Astronaut, der zwischen zwei verschiedenen Welten pendelte. Hinter dem Wald waren die dicksten Villen in der traumhaften Gemeinde Rosengarten versteckt. Hier lebte auch die blonde Prinzessin Jenny (die mit der Sonderregel), neben der ich mittlerweile in der Schule saß. Bei ihr zu Hause sah es meistens aus wie in einem Werbespot für Jacobs Krönung. Sobald die Tür aufging, schwebte ein hübsch geschminktes Model über den Marmorboden und bat einen herein. Auf dem weiß gedeckten Tisch wartete ein großer Erdbeerkuchen mit Sahne, für die Erwachsenen außerdem eine Tasse Kaffee, für die Kinder Kaba oder Nesquick. Schwierig war es in dem überdimensionalen Puppenhaus nur, die

Getränke auch wieder abzustellen. Auf jeder freien Ablage standen entweder Vasen mit frischen Blumen oder irgendwelche Trophäen von der Jagd, vom Tennis- oder Hockeyplatz. Überhaupt fühlte ich mich bei so einem Besuch immer wie bei einem Rundgang in einem Museum: Die Glasvitrine mit altem Porzellan der Großeltern, das gerahmte Familienwappen an der Wand – all das wirkte auf mich wie zerbrechliche Ausstellungsstücke. Dazu stand auch noch ein Aquarium im Wohnzimmer, das von seinen Ausmaßen unserer guten Stube entsprach. Die Fische hatten genau so viel Platz wie wir. «Darf ich die Guppys mal füttern?», fragte ich Jenny bei einer meiner ersten Verabredungen mit ihr, nein: Audienzen! in ihrem hübschen Elternhaus. Auf dem Schulhof verstanden wir uns ziemlich gut, lachten über dieselben Witze und flirteten mit den gleichen Jungs. In ihrem Puppenhaus wirkte sie so künstlich wie eine Barbiepuppe, die gelangweilt darauf wartete, dass die billige, dunkelhaarige Kopie wieder von der Bildfläche verschwand.

«Aber bitte nicht mit Knoblauch», scherzte ihr großer Bruder Sven. Ich fand ihn irgendwie ganz cool. Sven hatte gerade ein Jahr in Palm Springs verbracht und trug deshalb seine Baseballmütze falsch herum. Ständig machte er Witze über mich, aber ich sah es als Kompliment an, dass mich ein älterer Junge überhaupt beachtete. Umgekehrt hätte ich mich niemals getraut, Jenny zu mir ins Hochhaus einzuladen. Im direkten Vergleich mit den Bleckensteins lebten wir quasi in einer Garage mit altem Gerümpel. Das Möbelauto hatte schon lange nicht mehr bei uns gehalten, ich hatte es ehrlich gesagt noch nie gesehen. Einen Ikea-Katalog kannte ich nur von Tante Toni. Meine Eltern blätterten lieber im Prospekt vom Möbeldiscounter Domäne oder im Otto-Katalog, um am Ende eine Anzeige im Wochenmagazin AVIS auszuwählen, das eine Art analoges ebay für Selbstabholer war. In dem Heft hatten wir unsere letzte Waschmaschine gefunden und für kleines Geld bekommen; meinen Drehstuhl gab es für drei Mark fünfzig, die orange Tischlampe gratis dazu. Wir waren bereits «retro», bevor die Welle durch sämtliche Wohnzimmer deutscher Großstädte schwappte.

Wer in Rosengarten lebte, verpflichtete sich lebenslänglich, teure Gewächse vor und hinter der Villa zu pflanzen und zu stutzen. Den meisten Kindern ging es ähnlich wie den Rosen. Statt Wildwuchs und Anarchie war immer ein Hauch von Schloss Windsor zu spüren. Wir rannten hier nicht einfach über den Rasen, wir bewegten uns anmutig mit Reifen und Bändern darauf. Bei meinem ersten Besuch bei den Bleckensteins staunte ich darüber, wie akkurat die Haushälterin das schwere Silberbesteck um die teuren Porzellanteller platzierte. Bei uns hatte jeder Teller eine andere Farbe oder Form, und auch beim Besteck sparten wir. Wir benötigten zum Essen eigentlich nur eine Gabel. Die linke Hand brauchten wir zum Erzählen. Jenny, Sven und auch unsere Schulfreundin Britta falteten ihre Hände zum Tischgebet, das konnte ich auch. Da ich den Text nicht kannte, senkte ich meinen Kopf und sagte leise einen griechischen Kindervers auf. Das Ende kam mir bekannt vor, und ich richtete meinen Kopf auf, schaute in die hungrigen Gesichter und stimmte laut zu: «Gesegnete Mahlzeit.»

Schon der erste Gang war für mich eine große Herausforderung. Die Tomatensuppe war viel zu heiß, der

Silberlöffel mit Familiengravur ganz schön schwer und selbst für meinen riesigen Mund zu groß. Beim nächsten Gang konzentrierte ich mich darauf, einen Königsberger Klops präzise auf meinem Teller zu zerlegen. Ich hatte Angst, der Klops könnte vom Teller hüpfen und wie eine Kanonenkugel zuerst die ganze Tafel platt walzen, den silbernen Kerzenständer umkippen und am Ende das teure Ölgemälde mit dem Reiter in Flammen aufgehen lassen. Dagegen waren meine Eltern bestimmt nicht versichert. «Ellenbogen vom Tisch», korrigierte mich Annemarie, die Haushälterin, die auf einem Gut in Masuren gelernt hatte, und weckte mich aus meinem Albtraum. Für uns Kinder war Annemarie eine echte Kratzbürste. Jennys Eltern konnten sich dagegen voll auf sie verlassen. Der Spargel hatte einen leichten Biss, die Kartoffeln waren auf den Punkt, und ihre Sauce hollandaise war genau so, wie sie sich Harald Bleckenstein wünschte. Ein Gedicht. Weil er immer sehr lange arbeitete – ich stellte mir seinen Alltag ähnlich glamourös wie den von Professor Brinkmann vor, nur ohne Operationen –, war er zu Hause ein seltener Gast, verteilte dann aber nur Superlative für die süßeste Tochter, den erfolgreichsten Hockeysohn und eben die weltbeste Hollandaise. Miriam Bleckenstein, die Mutter, war unter der Woche auch viel unterwegs und hinterließ nie mehr als eine Parfümwolke im Haus. Wenn ich sie mal sah, bewunderte ich ihren gesunden Teint. Man sah ihr den ganzen Stress nicht an. Dabei hetzte sie von der Kosmetikerin zum Friseur, zum Psychoanalytiker und zur Reitstunde. Außerdem war sie auch noch im eingetragenen Förderverein «Harburger Tanne» aktiv, weshalb sie uns von Zeit zu Zeit mit dem Protestsong

«Karl der Käfer wurde nicht gefragt, man hat ihn einfach fortgejagt» quälte, der im Auto der Bleckensteins lief. Aus Angst, eine mir unbekannte Tischregel zu missachten, verweigerte ich mit einem höflichen «Nein, danke!» den Nachtisch, obwohl es Fürst-Pückler-Eis gab, wie sonntags manchmal bei Tante Toni. Aber mein Hals war wie zugeschnürt. Was in Griechenland eine Beleidigung für jeden Gastgeber ist, funktionierte hier ganz gut. Jenny Bleckenstein aß ebenfalls nur wenig, weil sie wahrscheinlich schon als Baby gelernt hatte, auf ihre Figur zu achten. Ich war noch viel zu jung, um die Spielregeln der Hautevolee zu verstehen und fühlte mich dort einfach nicht wohl. Die Verhältnisse in den deutschen Musterfamilien wirkten tagsüber geordnet wie die Blumenbeete ihrer Vorgärten: Zwei lila Stiefmütterchen waren immer in bester Gesellschaft von zwei gelben Stiefmütterchen. Je nach Größe des Vorgartens variierte lediglich die Größe der Blumenbeete. Erst später erfuhr ich von den wahren Dramen, die sich hinter der schönen Kulisse abgespielt hatten.

Die Schnittmenge unserer jeweiligen Welten war klein: Jennys Vater schaute während unserer gemeinsamen Schulzeit nach einem Spiel der zweiten Herrenmannschaft des Tennisclubs häufig im Kiosk vorbei und kaufte sich eine *Welt am Sonntag*. Er handelte mit ausländischen Immobilien und interessierte sich für die Angebote und die Preisentwicklung. Wichtig war aber auch, wie sich die politische Lage im Ausland entwickelte. Ein Putsch oder Attentat konnte einen Totalverlust für ihn bedeuten. Marokko war ihm beispielsweise als Investment viel zu riskant, obwohl er sich im Tennisverein mit Doktor Hababi auch über Luxusimmobilien in Marrakesch unterhielt. Patrice Hababi bekam von den Gesprächen seines Vaters nichts mit, weil er von einem Mädchen mit großer Nase abgelenkt worden war. Das bildete ich mir zumindest ein, nachdem er mir schon in der vierten Klasse eine eindeutige Geste in meinem Poesiealbum hinterlassen hatte.

*Lebe froh und lebe heiter,
küsse Buben und so weiter ...*

Die Anmache überforderte mich emotional. Ich zeigte Tante Toni mit rotem Kopf den Eintrag und fragte sie um Rat. Ihre sicherlich gutgemeinte Antwort stand tatsächlich zwei Wochen später in wunderschöner Schreibschrift im Poesiealbum von Patrice, eingerahmt von miteinander verschlungenen Schmetterlingen.

*Erdbeer- oder Himbeertorte,
Kuchen mag ich jede Sorte.
Ich mag auch gerne Bienenstich,
am liebsten aber mag ich dich.*

Liebe geht eben durch den Magen. Mein Verehrer hatte auf dem Gymnasium immer mehr Appetit bekommen. Jetzt, in der 5. Klasse, legte er auf dem Weg vom Clubheim nach Hause sogar manchmal einen kurzen Stopp bei uns im Laden ein. Nachdem ich ihm gestanden hatte, dass ich mir die Aufnahmegebühr für den Tennisverein nie im Leben leisten könnte, wollte er mir kein schlechtes Gefühl geben und ließ seine Sporttasche vorsichtshalber immer vor der Tür stehen. Seine vom feinen Staub der Sandplätze rot verfärbten Tennissocken verrieten ihn aber trotzdem. Patrice kaufte am liebsten ein isotonisches Getränk von Gatorade in Blau, fügte aber immer hinzu, dass die Farbe Rot der Situation angemessener wäre. Ich war unsicher: Meinte er das wegen des Sandplatzstaubs? Irgendwann, nachdem ich ihm bestimmt schon 15 blaue Flaschen über den Tresen gereicht hatte, war es so weit: Er überraschte mich mit einer Einladungskarte für seine Geburtstagsparty:

Poolparty bei Hababis in Rosengarten.

Auch seine Eltern wohnten bei den Schönen, Neureichen, Ärzten und Anwälten. Für einen Nachmittag durfte ich mich also wieder an den großen Tisch setzen. «Was wünschst du dir?», fragte ich Patrice und stellte ihm sein Lieblingsgetränk auf den Tresen. «Zwei Gläser von Leonardo. Eins für mich und eins für dich», antwortete er, zwinkerte mir zu und fing dabei laut an zu lachen. Wir hatten definitiv den gleichen Humor. Wir nannten uns auch «Kanaken-Kinder» und fanden das lustig. – «Das Gläserpaar bekommst du. Vielleicht kaufe ich dazu noch eine blaue und eine rosa Wolke. Zum Umrühren.» Die Longdrink-Gläser waren damals schwer angesagt für das Getränk der Stunde: KiBa. Ein Mix aus Kirsch- und Bananensaft. Die Mischung in den matten Gläsern sah aus wie Rote Grütze mit Vanillesauce. Zum Umrühren der Getränke gab es von Leonardo Plastikstangen, die am Ende mit einer Wolke verziert waren. Ich fand Patrice «süß», mochte ihn aber auch. Er war witzig, quirlig und rebellisch, bei all unseren Mitschülern beliebt. Den meisten Lehrern war er einen Tick zu frech. Das wiederum fand ich besonders aufregend und war froh darüber, dass er mit mir aufs Gymnasium gekommen war. Als Clown vom Dienst machte er nämlich immer dann einen guten Witz, wenn die Lage im Klassenzimmer extrem angespannt war. Patrice schaffte es mit seinem Humor, selbst der letzten Spaßbremse noch ein kleines Lächeln auf das Gesicht zu zaubern. Beim Feueralarm erinnerte er uns alle daran, unser Pausenbrot mitzunehmen. Für seine Sprüche wurde er von den Lehrern mit einem Eintrag ins Klassenbuch oder einer Strafarbeit belohnt. Das spornte Patrice aber nur an, die nächste Pointe noch besser und pädagogisch wertvoll zu formulieren. Die Geburtstagsparty bei den Hababis gehörte also zu den Highlights in unserem Jahreskalender, und ich war verdammt stolz, dabei sein zu dürfen.

Hinter Patrice hatte sich eine Schlange gebildet, in der schon die nächsten Kunden warteten, sodass unser Geplänkel unterbrochen wurde. Als Nächster war ausgerechnet Herr Millimeter an der Reihe!

7. KAPITEL

EIN BELEGTES BROT MIT SCHINKEN

Mama hatte der größten Nervensäge unter unseren Stammkunden diesen Namen verpasst, weil er jede Geschichte millimetergenau erzählte, ihr Ende aber meistens noch kilometerweit entfernt war. Er erreichte es eigentlich nie. «Ich hatte auf der Suche nach einem extradicken Isolierkabel also endlich die Parklücke bei Holger Hansen gefunden. Nur 150 Meter von seinem Elektronikfachmarkt entfernt. Zu Fuß natürlich. Das ist an einem Donnerstagnachmittag ja eher ungewöhnlich, weil im Birkenweg um 16 Uhr immer das Mutter-und-Kind-Turnen stattfindet. Die Frauen fahren ja immer größere Autos, ich musste also stark einschlagen, um den Wagen genau neben den Bordstein zu setzen, weil der Schulbus um 17 Uhr ja auch noch durchkommen muss. Blablabla ...» Und so weiter und so fort. Wer sich auf ein Gespräch mit Herrn Millimeter einließ, konnte für den Rest des Tages alle weiteren Verabredungen absagen. Friseurtermine, Krankengymnastik oder auch einen Friedhofsbesuch. Wenn Herr Millimeter einen mit seinem endlosen Geschwätz erst mal an die Wand nagelte, kam man nie wieder weg. Wir sortierten das Sortiment lieber freiwillig um, damit wir uns ja nicht mit ihm über die neuen Empfehlungen von Stiftung Warentest oder das ADAC-Winterreifenranking unterhalten mussten. Unter der Woche erschien der Fünfzigjährige, der in der Gesundheitsbehörde als einfache Bürokraft angestellt war, immer im grauen Anzug. Am Wochenende kam er in seinem Arbeitsanzug, der zwar aussah wie ein Blaumann, aber nicht blau, sondern beige mit Bügelfalte war. In den Hosentaschen hatte er links einen Zollstock und rechts einen Bleistift mit Plastikkappe, damit die Mine keinesfalls Bleistiftspuren auf seinem Beigemann hinterließ. In der Brusttasche hatte er immer einen kleinen Notizblock zur Hand. Gerne holte er eines seiner karierten Stofftaschentücher aus der Tasche und wischte damit über unsere Regale. Wir fragten uns, warum er in der Nachbarschaft so gerne den Chefkontrolleur spielte. Überall notierte er alle möglichen Zahlen in seinen Block. Mal waren es Nummernschilder falsch geparkter Autos, ein anderes Mal beobachtete er hinter der Gardine die anderen Vorgärten. So entstand dann per stille Post das Gerücht, das Gesundheitsamt führe Protokoll über nicht ordnungsgemäß entsorgtes Fallobst auf den umliegenden Grundstücken. Infolgedessen sah es dort natürlich immer sehr sauber aus. Insofern tat Herr Millimeter unserem Viertel eigentlich ganz gut. «Riecht aber ganz schön stark nach Chlor bei Ihnen.» Inspektor Millimeter war wieder auf Streifzug, musterte das Wandregal mit den Hygieneartikeln, rümpfte die Nase und setzte seinen kritischen Blick auf. «Verkaufen die Eltern diese Putzmittel auch, oder ist das eine Eigenmarke für den persönlichen Gebrauch? Nicht ganz ungefährlich, wenn hier die chemischen Zusatzstoffe eine gefährliche Kettenreaktion auslösen. Da fliegt euch der ganze Laden in die Luft. Alles schon passiert.»

«Ist Klorix. 5 Liter kosten 7,99 bei METRO», antwortete Christos, der gerade mit drei Paletten Dosenbier in den Laden kam. Papa hatte Angst vor einem blauen Brief aus dem Gesundheitsamt. Mit den Behörden hatte er eben seine (schlechten) Erfahrung gemacht und war von Grund auf skeptisch, seit er Hackfleisch aus der Tiefkühltruhe entfernen musste, Hackbällchen in Tomatensauce aber weiter in der Dose verkaufen durfte, obwohl die doch ungekühlt waren. Nach dieser ersten Abmahnung des Lebensmittelkontrolldienstes war er extrem höflich und immer sehr genau im Umgang mit Herrn Millimeter. Dazu kam, dass ihn das lange Warten auf Papiere, Lizenzen und Genehmigungen auf dem Weg zur Selbständigkeit zwischendurch hatte völlig verzweifeln lassen. Christos wollte weder leichtsinnig seine Aufenthaltsgenehmigung noch seine Betriebserlaubnis für den Kiosk verspielen. Deshalb hatte er auch in seinem Arbeitskittel immer einen Gewerbezentralregisterauszug dabei. «Einmal die Woche Klorix, abends immer Kernseife», bescheinigte Papa nun dem besorgten Beamten, der ja eigentlich gar keine Kontrollfunktion ausübte, sondern einfach nur nörgelte, und schob rasch noch ein paar Kappen- und Literangaben hinterher. Die exakte Mischung, für den Putzeimer umgerechnet in Milliliter, dachte er sich natürlich aus. Offenbar entsprach das aber genau den Anforderungen vom Kontrolleur a. D. Wichtig ist eben, dass überhaupt was auf dem Boden ankommt. Fakt ist: Die Kacheln im Kiosk kamen definitiv häufiger in Kontakt mit Reinigungsmittel als die meisten unserer Kunden.

Chrissi trug immer ihre Kittelschürze. In diesem Kampfanzug konnte sie sich der Einhaltung der drei wichtigsten Regeln des deutschen Reinheitsgebotes widmen und stellen:

- Paragraph 1: «Nur was richtig sauber ist, kann richtig glänzen.»
  Er erlaubte das Auflösen nach öffentlicher Zusammenrottung durch einen Allzweckreiniger, den General.
- Paragraph 2: «Ariel wäscht nicht nur sauber, sondern rein.»
  Er stärkte die Gleichberechtigung ganz im Sinne der emanzipierten Putzikone Clementine.
- Paragraph 3 wurde dagegen nur im Ausnahmezustand angewendet. «Meister Proper putzt so sauber, dass man sich drin spiegeln kann.» Bei grenzenloser Verunreinigung deutschen Bodens musste ein Glatzkopf der alliierten Streitkräfte für Ordnung sorgen.

Wir hatten zwar nicht viel, aber das war wenigstens sauber.
Die klaren Botschaften passten zu ihrer Weltanschauung. Skeptisch war Chrissi nur, wenn Tilli aus der Palmolive-Werbung ohne Handschuhe in das Spülwasser griff. «Pflegt die Hände schon beim Spülen? Iiiech nix glauben. Mache vielleicht Haut von Elefant schön. Pffff. Egal, am Ende wasche alle nur mit Wasser», kom-

mentierte sie schon fast philosophisch die Fernsehwerbung – auch wenn diese gar nicht lief. Mit sich und ihrer Putzphilosophie im Reinen, stand sie auch nach Ladenschluss noch in der frisch gebügelt wirkenden Betriebsuniform im Kiosk und sorgte für einen angenehmen Duft. Dabei machte sie eigentlich die Drecksarbeit. Mit einem in Chlor getränkten Wischmopp feudelte sie den Boden. Die dunkelbraunen Kacheln waren über die Jahre stumpf geworden, ließen sich aber noch immer gut reinigen. Die Fugen waren inzwischen mehr braun als grau, da konnte Chrissi noch so hart schrubben. Sie bildete sich ein, die Kacheln hätten über die Jahre auf die Fugen abgefärbt, während sie den roten Putzeimer hinter sich herzog. Um diese Uhrzeit (kurz nach acht, wir Kinder waren schon lange zu Hause) wischte Mama hauptsächlich die klebrigen Pfützen weg, die sich über den Tag durch die tropfenden Plastiktüten mit Leergut zwischen der Kasse und den Bierkistentürmen gebildet hatten. Es war ein hartnäckiger Einsatz gegen Keime und Schimmelpilze, die abends bereits einen säuerlichen Geruch verbreiteten. Oder wie Chrissi immer sagte: «Das stinkt drei Tage gegen den Wind.» In den Pfützen klebten auch Haarbüschel, die sich nach vier Wochen ohne Kontakt mit Shampoo sang- und klanglos von der Kopfhaut ihrer Besitzer verabschiedet hatten. Schuppenflechte und Neurodermitis, die ganz normalen Überreste einer Wohlstandsgesellschaft, gehörten zu unserem Bodensatz. Im grauen Putzwasser schwamm vermutlich auch immer mal wieder ein Popel von Helmut, Brigitte oder dem Stinker. Auf unsere Kunden war eben Verlass. Immer dann, wenn der Stinker ganz nachdenklich vor dem Regal mit den Schnapsflaschen stand, die Preise verglich und dabei die Augenbrauen hochzog, versuchte er mit der freien Hand, sich das letzte bisschen Hirn aus dem Kopf zu kratzen. So erklärte mir zumindest Chari, warum der Stinker ungeniert in der Nase bohrte. Wenn der Stinker schließlich eine Entscheidung getroffen hatte, entfernte er blitzschnell die Reste aus der Nase, formte sie zwischen Daumen und Zeigefinger zu einer Kugel und schnippte sie mit der Fingerkuppe unauffällig in eine Ecke. Mit der anderen Hand drehte er die Schnapsflasche um und musterte dabei mit sorgsamem Blick das Etikett der preiswerten Spirituosen, wie ein Kellermeister das normalerweise mit teuren Bordeaux-Weinen tut. Der Stinker entschied sich am Ende meistens für eine Zahl zwischen 38 und 45. Der Jahrgang war dabei Nebensache. Der Alkoholanteil war das entscheidende Kaufkriterium. Nicht alle Kunden griffen sofort zum Hochprozentigen. Wenn Brigitte Brüggemann mal wieder über Sodbrennen klagte, entschied sie sich lieber für etwas Süßes für den Magen. Dann nahm sie sich, aus Rücksicht auf ihre Gesundheit, eine Flasche Batida de Coco mit. Es klopfte an der Tür. So spät noch! Chrissi stellte den Schrubber zur Seite und schaute aus dem Fenster. Sie war erleichtert, als sie Gerda Brocken winkend hinter dem Schaufenster entdeckte, und schloss ihr auf. Gerda hatte seit drei Wochen einen neuen Freund – und damit den sang- und klanglosen Abschied ihres Ehemannes vor Jahren so langsam verdaut. Der Neue hieß Butschi und war – ein Wellensittich. Damit Butschi nicht auch sofort wieder das Weite suchte, durfte sie jetzt keinen Fehler machen. Manfred zum Beispiel hatte sie mit einem Schweinebraten in die Flucht geschlagen, vermutete sie: Er hatte die Kruste immer sehr knusprig, aber keinesfalls schwarz gemocht, hatte Gerda Chrissi bei einem ihrer privaten Treffen geklagt. «Vielleicht hätte ich den letzten Braten fünf Minuten früher aus dem Ofen holen müssen, dann würde Manfred immer noch bei mir am Tisch sitzen.» – «Kannst du nix ändern, probiere von Zitronenkuchen, lecker!», tröstete Chrissi sie und reichte ihrer Freundin noch ein zweites Stück, das diese erst mit ihren Tränen durchweichte und dann in einem Happen verschlang. Nach all den Jahren machte sich Gerda noch immer Vorwürfe und wälzte sich stundenlang im Bett. Eines Abends stellte sie fest, dass sie nur noch eine Tüte Vogelfutter im Vorratsschrank hatte. Ihr Butschi würde das doch wohl nicht spüren, denn: «Tiere ham ja so 'n Instinkt, den hab ich bei meinem Manfred immer vermisst.» – «Hallo Gerda, hast du was vergessen?», fiel Chrissi in ihren Monolog, den sie bereits hinter verschlossener Tür angestimmt hatte. – «Hallo Chrissi! Ich brauch noch einmal Knabberspaß für Sittiche, bitte.» – «Iste, glaube ich, schon aus.» – «Oh, bitte nicht. Mein armes Butschilein.» – «Für deine Vogel nimmst du eine Packung Trill. Ist Hose wie Jacke, schmeckte alle gleich. Komm, setz dich!» – «Keine Zeit. Mein Butschi schaut noch Fernsehen und wartet auf mich.» Gerda spitzte den Mund und pfiff die Erkennungsmelodie der Tagesschau. – «Ich mag das Elend in den Nachrichten nicht mehr sehen, aber für Butschi ist das wie ein Gutenachtlied. Er trifft exakt jeden Ton. Danach mache ich noch sein Wasser frisch, und dann ist auch wieder gut für heute. Geld bringe ich morgen. Wiedersehen!» Irgendwie vermisste Mama die Gespräche mit ihrer Freundin, seit sich Gerda nur noch mit ihrem Wellensittich unterhielt. Früher hatte sie ihr gerne alte Geschichten aus Griechenland erzählt, von Frau zu Frau. Zum Beispiel, ob ein Fräulein bereit war für die Ehe. Das entschieden nicht die Männer. Das hing unter anderem davon ab, wie die Auserwählte ihre Wäsche auf die Leine hing. Wenn Oma oder eine andere Geheimagentin beim Rundgang durchs Dorf auch nur einen Grauschleier entdeckte, war die Partie so gut wie gelaufen und eine Hochzeit ausgeschlossen. Eine gute Hausfrau durfte auch niemals Unterwäsche zur Straßenseite hin aufhängen. Da Unterhosen aber irgendwie auch gewaschen wurden und anschließend trocknen mussten, versteckten die Frauen sie ordnungsgemäß hinter einem Bettlaken. War nach außen hin also alles sauber, gab es kollektive Zustimmung, die einem analogen «Gefällt mir» bei Facebook nicht unähnlich war. Nur wenn das Voting der Community einstimmig war, konnten die Hochzeitsglocken in der griechischen Kapelle läuten. Der Unterschied zu einem sozialen Netzwerk ist, dass die Kontrolle am Fuße des Olymps nicht freiwillig war. Keiner konnte sich ihr durch Abmeldung entziehen. Wer die Spielregeln der griechischen Gesellschaft nicht akzeptierte, hatte nur zwei Möglichkeiten: In die Großstadt zu ziehen oder gleich auszuwandern.

Bis auf Gerda Brocken schaute an diesem Abend keiner mehr bei Chrissi vorbei. Wie immer putzte sie so gründlich, als ob sie sich auch wieder um einen Ehemann bewerben müsste. Dabei saß Christos zu Hause, wartete auf seine Ehefrau und hielt die Schogetten versteckt; das Familienleben war in bester Ordnung.

Besonders akribisch putzte Chrissi das Zigarettenregal, das danach glänzte wie ein silberner Käfig. Keine Ahnung, ob das etwas mit Jugendschutz zu tun hatte oder eine reine Sicherheitsmaßnahme vor Zigarettendieben war. Also, die Käfig-Anmutung, nicht Mamas Geschrubbe. Einen direkten Zugriff auf die Päckchen der beliebten Marken HB, Reval oder Ernte 23 hatten nur wir hinter dem Tresen. Die Raucher sahen aus unserer Perspektive alle wie Zoobesucher aus, die die Kippen nur bestaunen, aber nicht anfassen konnten. Erst wenn sie mit dem Finger auf ihre Lieblingsmarke gezeigt hatten, befreiten wir ein Päckchen. Vier D-Mark für eine Schachtel war ganz schön viel. Nikotin-Norbert ging deshalb auch nicht mehr zum Zigarettenautomaten, sondern kam zu uns. Hier im Kiosk bekam er all seine wichtigen Papiere: zum Rauchen, zum Lesen und zum Abwischen. Norberts typischer Einkauf bestand aus einem Päckchen Samson-Zigarettenpapier, einem *Kicker* und dem einlagigen Klopapier aus der METRO. Er tauchte heute aber nicht nach Ladenschluss auf, die Kasse war ja auch schon geschlossen. Unsere elektronische Kasse war Papas Augapfel und Stolz, obwohl die japanische Maschine eigentlich nur ein besserer Taschenrechner war. Am oberen Ende war eine Papierrolle für die rosafarbenen Bons befestigt. Eine Kassenschublade fehlte, wir benutzten eine aus Holz, die Papa unter dem Tresen angeschraubt hatte. Neben der Kasse stand noch ein großes Glas mit Salzgurken. Das Stück kostete eine Mark. Chrissi schob es mit beiden Händen zur Seite, damit die ersten Gäste morgen auch genug Platz hätten für ihr reichhaltiges Frühstücksbuffet: eine Flasche Astra-Bier, einen Boonekamp-Kräuterbitter und wahlweise eine Packung Pfefferminzblättchen oder eine saure Gurke. Dann verstaute sie den Putzeimer und wischte zum Abschluss über den zwei Meter langen

Tresen. Christo hatte ihn aus Sperrholz zusammengezimmert und anschließend mit Plastikfolie, die vorgab, echte Eiche zu sein, etwas eingedeutscht. Unter dem Tresen waren zwei Regalböden auf Winkeleisen an die Wand geschraubt. Darauf stand immer eine giftgrüne Parfümflasche mit «Janine D» griffbereit. Den Inhalt versprühten wir in Notfällen, um olfaktorisch von den ganz harten Stinkern abzulenken. Daneben lag ein Stapel Stofftaschentücher, die wir bei akuter Geruchsbelästigung mit «Janine D» beträufelten und wie eine Atemmaske vor Nase und Mund hielten, um wenigstens die nächsten Minuten zu überleben. Für die Verteidigung bei einem Raubüberfall war unter den Taschentüchern auch eine Dose Pfefferspray versteckt. Außerdem zählten ein Paar Berkemann-Sandalen zu dem Survival-Kit. Dafür gab es nach unserer Erfahrung im zweiten Kiosk-Jahr (und nach zwei versuchten Überfällen) auch ganz praktische Gründe. So hatte Mama ein Paar Ersatzschuhe vor Ort, wenn ihre Straßenschuhe zu warm waren. Gleichzeitig konnte sie mit den Hausschuhen in der Hand auch Diebe in die Flucht schlagen. Eine praktische Doppelfunktion erfüllten auch die selbstgestrickten Wollsocken von Tante Toni. Sie hielten einerseits warm und ansonsten die Einnahmen des Tages zusammen. Wir haben nämlich nie das ganze Geld in der Schublade unter dem Tresen versteckt. Zu gefährlich. Risikodiversifizierung war dann auch das Stichwort für den 2500 Meter langen dunklen Heimweg mit dem Bargeld aus der Tageskasse. Chrissis Taktik war raffiniert. Einen kleinen Teil der Scheine versteckte sie in einem DIN-A5-Kunstlederbeutel der Sparkasse. Das war die Handkasse, die sie bei einem Straßenraub notfalls geopfert hätte. Den Rest der Scheine hatte sie am ganzen Körper verteilt. Ungefähr so, wie auf einer griechischen Hochzeit, wo die Gäste dem Bräutigam die Geldgeschenke traditionell an den Anzug kleben. Ganz so offensichtlich hat Mama die Einnahmen natürlich nicht zur Schau gestellt. Bevor Chrissi in ihren schwarzen Mantel schlüpfte und den Kiosk verriegelte, versicherte sie sich, dass alles am richtigen Platz stand. Sie knipste das Radio aus und sortierte die weißen Plastiktüten zu einem ordentlichen Stapel. Dann ging sie los.

Chrissi kam all die Jahre nach Feierabend immer sicher und mit jedem Pfennig der Tageseinnahmen in der Tasche nach Hause. Meistens erst gegen halb zehn. Wir warteten wie immer vor dem Fernseher auf Mama, während Papa in der Küche mit Tellern und Geschirr klapperte. Mein Herz pochte, und mein Kopf rauchte, und daran war dieses Mal nicht die Schule schuld, sondern Victor Worms, der die Band Paso Doble in die Hitparade eingeladen hatte.

«Die Module spiel'n verrückt,
Mensch, ich bin total verliebt,
Voll auf Liebe programmiert,
Mit Gefühl.»

Ich konnte nach dem Refrain nur noch an die Geburtstagsparty von Patrice, bis zu der es noch einen Monat hin war, denken. Einen ganzen Monat! Der Text wühlte mich auf, mein kleiner Bruder schlief dagegen ein. Weder das freundliche Klatschen des Publikums noch das Klackern eine Stunde später in unserem Türschloss konnte Iannis wecken. Erst als das Klopfen immer lauter wurde, wachte er auf. Die Tür ging auf, und Mama stand im Flur, hängte ihren Mantel auf und stellte jedem von uns kommentarlos einen Becher Dany-Sahne-Schokopudding auf den Couchtisch. Noch vor dem Fernseher stehend, schüttelte sie mit offenem Mund den Kopf und verfolgte die Tanzeinlagen in der Hitparade mit der Hand an der Stirn. Wir hatten die Sendung aufgenommen und schauten sie uns noch mal von vorne an. Chrissi kommentierte die Bilder der geschminkten Männer fassungslos. «Glaubst du, deine Vater ist froh, wenn du aussiehst wie Frau bei Karneval? – «Und diese Junge mit Auge angemalt wie Indianer, der kann auch bald die Handschuh werfen.» Mama winkte ab und drehte sich weg. Sie mochte den Nachfolger von Dieter Thomas Heck nicht, gerade weil er nur halb so schnell wie ihr Lieblingsmoderator sprach. Ihr fehlte die Leidenschaft in der Stimme – obwohl sie ihn so besser verstand. Wir fanden das Format auch nicht mehr so cool wie zu den Hoch-Zeiten der neuen deutschen Welle. Aber was hatten wir für eine Alternative in einer Zeit ohne YouTube?

Immerhin musste ich mir kein langweiliges Fußballspiel mit meinen Brüdern ansehen. Der Hamburger SV hatte sich in dieser Saison schon in der ersten Runde aus dem internationalen Geschäft verabschiedet. Seit dem Erfolg im Europapokal der Landesmeister in Athen interessierte sich Chari plötzlich für die Sportart und war HSV-Fan geworden. Christos lernte zufällig sogar den Trainer kennen, als der blaue Mannschaftsbus nach einem Pokalspiel bei uns am Kiosk stoppte. Alle Spieler blieben im Bus sitzen, aber der Busfahrer öffnete die Tür, und ein alter, grimmiger Mann in einer grauen Daunenjacke schlurfte in unseren Laden. Er fragte am Tresen nach etwas, das Papa nicht verstand. Was für ein komischer Kauz mit einem eigenartigen Dialekt. Otto lehnte schon an seinem Stammplatz und schien mit offenen Augen zu dösen. Seit einer halben Stunde hielt er sich schon an seiner Flasche Bier fest, ohne auch nur ein Wort zu verlieren. Plötzlich kam Leben in ihn. Er übersetze eloquent das Genuschel des fremden Mannes, den er offenbar auf Anhieb erkannte: Es war der Fußballlehrer und Erfolgstrainer Ernst Happel. Ohne Probleme verstand er den Österreicher und bestellte bei Christos eine Schachtel Zigaretten und ein Feuerzeug. Papa kannte den prominenten Besucher nicht, was dieser wiederum sehr sympathisch fand, mochte er doch am liebsten ohne großes Tamtam bedient werden, als würde seine Bekanntheit keine Rolle spielen. Jetzt war er doch wieder enttarnt worden und musste auch noch auf einem Bierdeckel unterschreiben. Otto hatte zufällig auch eine Pocketkamera dabei, die er seit dem letzten Ausflug zur Bundeskegelbahn «Löwe» in seinem Parka mit sich herumtrug. Zum Glück war er damals zu besoffen gewesen, um zu fotografieren, denn so hatte er noch sechs Bilder auf dem Film frei. (Die Agfamatic war so etwas wie der Vorgänger des iPhones, hatte aber lediglich Platz für 24 Fotos.) Sein Alkoholpegel und die Sprache, die sie ganz offensichtlich teilten – zumindest in diesem Moment –, vermittelten Otto das Gefühl, ein alter Bekannter sei zu Besuch. So überredete er den Fußballtrainer tatsächlich, hinter den Tresen zu gehen und sich neben Christos zu stellen. Bei den ersten beiden Versuchen knipste er aus Versehen die Betondecke, der dritte Schnappschuss war ein Volltreffer. Happel wollte so schnell wie möglich den Laden wieder verlassen und bedankte sich bei Christos für das Feuerzeug. Es war exakt der Moment, wo sich die herabhängenden

Mundwinkel zu einem Lächeln verformten. Und genau diese Sekunde hielt Otto fest. Später erzählte er beim Anblick des gerahmten Fotos hinter dem Tresen jedem Besucher, dass dies der einzige glückliche Moment der ganzen Saison gewesen sei. In der Winterpause landete der Schnappschuss sogar im Sportteil der Harburger Zeitung und trug die stolze Bildunterschrift «Happel wieder mit griechischem Feuer – kommt jetzt das Glück zurück?». Als inoffizieller Glücksbringer war auch Christos seitdem wieder Fußballfan, obwohl er seit über 20 Jahren nicht mehr gegen einen Ball getreten hatte.

Otto schenkte das Autogramm, das er im Kiosk ergattert hatte, seinem Sohn. Michael war es auch gewesen, der Chari das erste Mal mit ins Volksparkstadion genommen hatte. Seine Jungs, der Fanclub Harburg, kurz FCH, traf sich damals gerne vor unserem Kiosk. Die Anhänger tranken sich Mut für das Spiel an und stürmten danach die S-Bahn, wo sie sich mit ihren blau-weißen Fahnen gefährlich weit aus dem Fenster lehnten. Je lauter sie sangen, umso fester packten die Eltern im Umkreis ihre Kinder an der Hand und suchten das Weite. Keiner konnte sie aufhalten mit ihren Bierfahnen auf dem Weg zum nächsten Abenteuer im Volkspark. Sogar Chrissi fand es anfangs noch lustig, wenn sie in ihren Schlachtgesängen manchmal die Worte «Schinken» und «Ei» laut im Chor brüllten. Es war die Saufhymne «Eisgekühlter Bommerlunder». Mittlerweile hasste Mama aber die Samstage, an denen Michaels Clique vor dem Kiosk auftauchte, den Bürgersteig mit Kronkorken verzierte und die Autoradios laut aufdrehte. Irgendwann war nämlich immer der Vorrat im Kofferraum leer, und dann holten sie sich im Kiosk

Nachschub. Während sich der Älteste zur Ablenkung mit einer Flasche Bommerlunder an die Kasse stellte, versuchten die anderen mehr oder weniger unauffällig, Kaugummis zu klauen, nachdem sie bereits ein Bier auf ex im Laden ausgetrunken hatten. Laut rülpsend verließen die Fußballfans dann den Kiosk, ohne zu zahlen. Auch Michael. «Freundchen, Freundchen!», rief Chrissi ihm mit strengem Ton hinterher. Michael drehte sich noch in der Tür um, kam mit rotem Kopf zurück, bezahlte mit einem Zehnmarkschein die Zeche und bat sie, seinem Vater Otto nichts zu erzählen. Seinen Kumpels erzählte er vor der Tür eine andere Version. Mit breitem Grinsen im Gesicht behauptete er, dass er der Ausländerin noch schnell vor den Tresen gepinkelt hätte. Richtig komisch wurde Michael dann, nachdem er seine Lehre abgebrochen hatte. Im Bushäuschen, neben dem Kiosk ein weiterer sozialer Hotspot unseres Kiezes, hatte ich gesehen, wie er mit einem Edding ein Hakenkreuz auf die Sitzbank kritzelte. «Ist das ein neues Spiel oder eine Modemarke?», fragte ich Chari naiv, als ich das Zeichen entdeckte.

«Bei dem beschissenen Spiel ist leider unser Opa draufgegangen», entgegnete er großer-Bruder-like.

«Wieso?»

«Das lernst du in der Schule die nächsten sechs Jahre noch, bis es dir zu den Ohren raushängt.» Chari hatte schlechte Laune, und ich dachte lieber an die nächsten sechs Jahre mit Patrice. Mein großer Bruder kämpfte in dieser Phase weniger mit der weltanschaulichen Schieflage seines Freundes Michael als vielmehr gegen die Akne (wobei: Akne hatte Michael auch noch). Chari probierte es zunächst mit Clerasil, ohne Erfolg. Auch die Hefepaste aus der Drogerie würgte er angewidert herunter. Es half alles nichts, und am Ende war ihm von den Hefeprodukten genauso übel wie Michael, der seine Akne in parallel laufenden Versuchen lieber mit Zinn 40 oder Mirabellenschnaps behandelte. Die Pickel blieben, doch dafür hatten beide wenigstens Spaß.

Im Keller der Gaststätte «Zum Löwen» (ja, die mit der Bundeskegelbahn) trafen sie sich unter der Woche mit anderen Jugendlichen oder spielten im FCH-Clubheim Karten, tranken Bier und schauten Fußball oder hörten laut Musik. Dazu spielten sie selber Gitarre, zum Teil auch Luftgitarre (manchen mangelte es am Instrument, manchen an den Griffen und vielen an beidem). Chari fühlte sich wie Carlos Santana. Er stellte sich vor, dass sein Idol an der Elbe lebte und mit anderen Musikern jammte, darunter: HARRY. Am Wochenende tauschten die Jungs aus dem Clubheim ihre schwarz-weiß karierten Flanellhemden gegen ausgewaschene Jeanswesten, auf denen sie selbstgemalte Aufnäher trugen. Beliebt waren Parolen wie «Hier regiert der HSV!», «FC Bayern – die Scheiße der Nation» oder auch «Ich bin stolz, ein Deutscher zu sein». Chari störte sich daran zunächst genauso wenig wie an den Pöbeleien und Schlägereien in der Westkurve. Die Fußballclique war einfach eine aufregende Abwechslung zum Alltag zwischen Schule und Kiosk. Zusammen gewinnen oder verlieren, beides fühlte sich gut an. Nur Unentschieden mochte er nicht.

«Warum sind Türken eigentlich so nett?», fragte Michael ihn eines Tages auf dem Weg zum Clubheim. Chari zog ahnungslos die Schultern hoch. «Sie kommen immer in einer großen Gruppe und fragen: Hast du ein Problem?» Michael trat mit seinen schwarzen

Turnschuhen wie ein Kickboxer gegen einen Laternenpfahl. Sofort ging das Licht aus, die Laterne wackelte noch eine Weile im Dunkeln. Chari wechselte die Straßenseite und versuchte ebenfalls, das Licht auszutreten. Er rutschte mit der feuchten Gummisohle am Laternenpfahl ab und schrie laut auf vor Schmerz. Er hatte sich das Fußgelenk verstaucht. Er ärgerte sich über den Fehlversuch, schüttelte das Bein und knallte seinen Fuß noch mal wütend gegen den Kasten. Diesmal wie ein Pferd, wenn es nach hinten austritt. Es klirrte laut. Die Glasverkleidung war heruntergefallen, die Scherben lagen überall auf der dunklen Straße. In der Nachbarschaft gingen nach und nach die Lichter an, und die Anwohner schoben die Gardinen zur Seite, um zu sehen, was passiert war. Die Jungs rannten schnell weg, Chari mehr schlecht als recht und getrieben von Angst, und bogen in eine Seitenstraße ein. Dort lehnten sie sich völlig außer Puste gegen eine Telefonzelle. Michael öffnete die Glastür, nahm den Hörer ab und wählte die 110. Der Polizei erzählte er, dass er vier Türken beobachtet hätte, die mutwillig eine Straßenlaterne demolierten, und gab eine detaillierte Beschreibung der Täter ab. «Was soll eigentlich die Hetze in letzter Zeit, was habt ihr gegen Türken?», versuchte Chari ihn aus der Zelle zu zerren. Diesmal zuckte Michael ahnungslos die Schultern. Urplötzlich und ohne Vorwarnung spürte Chari einen Ellenbogen im Unterleib. Er konterte mit einem schwungvollen Haken, und plötzlich entwickelte sich ein Kampf. Als Ringseil diente ihnen eine dunkelgrüne Thujahecke, die auch sehr elastisch war. Chari landete einen Treffer mit dem (unversehrten) ausgestreckten Bein und schickte Michael in die Seile. Der landete in der Hecke, wurde zunächst von den Ästen verschluckt und umgehend wieder auf den Gehweg gespuckt. Die beiden Jungs hatten Spaß daran und änderten ihre Disziplin erneut. Vom Laternenaustreten und Kickboxen zum Heckenspringen. Mit dem Rücken warfen sie sich auf jedes dichte Gewächs, das aussah, als würde es als Sprungmatte taugen. Mal federten die Äste schön weich, mal knickten sie weg oder brachen einfach durch. Mit einem dumpfen Schlag krachten sie beide durch eine Hecke und blieben lachend im Vorgarten liegen. «Ich glaube, es ist besser, wenn du heute nicht mit ins Clubheim kommst.» – «Wieso denn das nicht?», fragte Chari fassungslos. – «Du riechst nach Knoblauch wie ein Türke», sagte Michael ernst. Das war die Aufforderung zum nächsten Angriff. Chari schmiss sich auf seinen Freund. Beide wälzten sich wie Sumo-Ringer über das feuchte Laub auf der Wiese, bis Chari triumphierend auf Michaels Brustkorb zu sitzen kam. Mit den Knien drückte er die Arme seines Sparringspartners auf den Boden, der sich endgültig nicht mehr wehren konnte. Chari genoss den Sieg nach Punkten. An seiner Bomberjacke klebten überall Blätter, als hätte er eine Tarnuniform an oder sich mit Vogelscheuchen herumgedrückt. Langsam beugte er sich über Michael: «Entschuldigst du dich jetzt bitte schön bei allen Ausländern?» Michael war völlig außer Puste, zog die Nase hoch und spuckte. Mitten in Charis Gesicht. Chari wischte sich die Rotze mit dem Ärmel seiner Jacke ab, blieb ansonsten aber ungerührt. «Dann muss ich dich wohl vergasen, mein lieber Freund!» Chari holte Luft, beugte sich direkt über Michaels Nase und rülpste ihn an. Treffer, versenkt. Michael war kein schlechter Verlierer. Chari reichte ihm zur Versöhnung die Hand und zog seinen Kumpel aus dem Dreck. Sie schauten sich um, ob sie jemand im dunklen Garten bemerkt hatte, suchten sich eine Lücke in der Hecke und sprangen zurück auf die Straße. Dort zauberte Michael eine verbeulte Schachtel Marlboro aus dem Anorak und zog vorsichtig eine krumme Zigarette heraus. Er musste mehrfach über das Filterpapier streichen, bevor er sie mit dem Trinkerbesteck (vulgo: Feuerzeug) anzündete. Breitbeinig stand er auf dem Bürgersteig und überprüfte mit dem ersten Lungenzug, ob die Zigarette nicht vielleicht doch einen Knacks abbekommen hatte. Er drehte sie langsam im Licht der Straßenlaterne. Keine Reklamation. Erleichtert öffnete er seinen Mund wie ein Frosch und atmete im Zeitlupentempo aus. Dabei entstanden aus dem Zigarettenrauch Ringe, die langsam im Dunkeln verschwanden und sich auflösten. Mit den Fingern korrigierte er beim Aufsteigen die Kreise in der Luft und stupste sie dabei leicht an. «Schau mal, Chari, ist jetzt kein Herz mehr, sondern eine HSV-Raute!» – «Wer wird deutscher Meister?», fragte Chari und stimmte sein Lieblingslied an. «H-H-H-H-S-V», flüsterte Michael und schickte mit jedem Kringel einen Buchstaben in den Abendhimmel. «Hast du deine Spülhandschuhe dabei?», fragte er danach schmunzelnd und bot Chari eine Zigarette an. Weil Mama abends immer die Finger kontrollierte (und sie dabei auch beschnupperte), rauchte mein großer Bruder immer mit Handschuhen. Auch im Sommer. Rauchen war bei uns strikt verboten, nachdem Onkel Evangelos aus Thessaloniki vor drei Jahren an Krebs gestorben war.

Überhaupt war meinen Eltern der Umgang mit den

Fußballfans nicht geheuer. Eigentlich bekamen sie wegen der Arbeit im Kiosk nicht so richtig mit, wo und mit wem wir nachmittags unsere Zeit verbrachten. Wenn Michael aber nach dem Abendbrot bei uns klingelte, schaute Papa streng und gab meinem Bruder in ungewohntem Ton eine Uhrzeit mit auf den Weg: «22 Uhr zurück – sonst Polizei!» Michael konnte dagegen gehen und kommen, wann er wollte, egal in welchem Zustand. Otto traf ihn manchmal auf dem Weg zum Frühstück, wenn er nach einer langen Partynacht in sein Zimmer torkelte. Dann drohte er ihm wie immer mit dem Rauswurf und rief ihm noch rasch «Junge, du verschwendest deine Zeit!» zur Begrüßung hinterher.

«Vadder, du auch.» Der anschließende Vortrag seines alten Herrn erreichte ihn nicht mehr. Michael ließ den Rollladen auf die Fensterbank knallen und machte aus seinem Kinderzimmer eine perfekte Dunkelkammer für Langschläfer. Ein dickes Kopfkissen schütze ihn sowohl vor Staubsaugerlärm als auch vor lauten Diskussionen. Vor zwölf stand er in der Regel nur auf, wenn er ganz dringend pinkeln musste. Oder wenn für den HSV eine Auswärtsfahrt zu einem Bundesligaspiel in Bielefeld oder Bochum auf dem Programm stand. Für die Fahrt zum Nord-Süd-Gipfel gegen die Bayern in München reichte die Stütze nicht aus. Michael wollte das Spiel mit dem Fanclub im Clubheim verfolgen und holte Chari im Kiosk ab. Dabei bediente er sich auch an Schnapsregal und Zigarettenbox. «Geht auf Vadder Staat», sagte er schnippisch und verwies auf den Zahltag für die Stütze am Monatsanfang, bis zu dem es noch eine Woche hin war. Die Null-Prozent-Finanzierung nannte man damals Anschreiben. Das Risiko trugen dabei meine Eltern, weshalb sie immer ganz genau darauf achteten, wie liquide ihre Pappenheimer waren. Michael verwies auf die Bonität seines Vaters und kaufte die Flasche Gorbatschow und ein Päckchen Marlboro auf Kredit. Danach zogen die beiden los in Richtung Tempel. So nannten sie den Kellerraum. An der Holzwand hingen unterschriebene Trikots, Wimpel und auch der gerahmte Zeitungsausschnitt über den Besuch des Meistertrainers im Harburger Kiosk. Besonders die Schlusskonferenz aus dem Olympiastadion war heute so spannend, dass es keinen mehr auf den Stühlen hielt. Der Kommentator hingegen schilderte mit seinem bayerischen Akzent zunächst noch ganz ruhig und sachlich den Spielverlauf: «Gelbe Karte für den eingewechselten Wolfram Wuttke wegen Meckerns. Noch immer führen die Bayern durch einen Treffer von Roland Wohlfahrt hochverdient mit 1:0. Felix Magath tritt an zum Freistoß.» Plötzlich überschlug sich die Stimme, als sei der Reporter barfuß in eine der Glasscherben auf dem Boden des Clubheims getreten. «Da zappelt der Ball im Netz. Unfassbar. Unhaltbar für Reinhold Aumann, Kopfballtor durch Thomas von Heesen drei Minuten vor Abpfiff. Sapperlot, was für ein Hühnerhaufen. 1:1.» Wie aufgescheuchte Hühner sprangen nun auch Chari und die anderen Fußballfans durch den Hobbyraum. Der Startschuss für die bislang müde Party im Clubheim war gefallen. Michael reichte die Wodkaflasche weiter. Auch Chari setze an, presste dabei aber die Lippen ganz fest zusammen. Er tat nur so, als ob er einen kräftigen Schluck nahm. Mit einem rosa Spülhandschuh hielt er in der anderen Hand eine geschnorrte Marlboro fest und aschte lässig in eine leere Bierflasche. Nach dem letzten Zug stand er auf und verstellte den Knopf der Heim-Kompaktanlage. Radio aus, Plattenspieler an. Jetzt war die Zeit gekommen. Freddy Mercury durfte sich endlich an den Flügel setzen und die Hymne der Sieger anstimmen, dachte sich Chari und legte als erstes Lied «We are the Champions» von Queen auf. Angesichts des Ergebnisses vielleicht etwas übertrieben. Aber für die Stimmung genau richtig. Alle lagen sich in den Armen und feierten den Punktgewinn beim Tabellenführer stürmisch. Chari versuchte in den nächsten Stunden seinen Platz als DJ an der Anlage zu verteidigen, wurde dabei aber immer wieder von ein paar aggressiven Hooligans vom Plattenspieler weggeschubst. Er beschloss, das Doppelalbum der Scorpions vor weiteren Ausschreitungen zu schützen, und steckte es ein. Durch einen Unfall beim Auflegen hatte er vor kurzem erst die Single von HSV-Stürmer Kevin Keegan verloren. Jetzt saß Michael mit ausgestreckten Armen auf den Schultern von Manfred, verlor das Gleichgewicht und landete mit dem Hinterkopf auf dem Plattenspieler. Es war schlagartig still, und für ein paar Sekunden gingen auch bei Michael die Lichter aus. Als er wieder zu sich kam, standen die verschwitzten Jugendlichen in einem Kreis um ihn herum und feuerten ihn mit einem entschiedenen «Saufen, Saufen, Saufen!» an, wieder aufzustehen. Es waren gerade mal zehn Leute im Clubheim, sie machten aber Lärm wie das vollbesetzte Volksparkstadion. Mike Brüggemann beobachtete die Fußballparty mit leerem Blick von einer Eckbank aus und wünschte sich, er wäre genauso gut drauf. Während sich die anderen in den Armen lagen und jedes neue Lied feierten, nippte er an seinem Weizenbierglas, das mit einer besonderen

Spezialität, einer Mischung aus Coca-Cola und Asbach Uralt, gefüllt war. Er stellte das mittlerweile lauwarme Gesöff ab und flüsterte Michael etwas ins Ohr. Beide verließen grinsend den Raum, indem sie sich gegenseitig stützten, wie es Zechkumpel auf dem rettenden Heimweg gerne tun. Sie schlossen sich auf dem Klo ein, um mit etwas Speed wieder in Fahrt zu kommen. Den anderen Jungs im Fanclub verheimlichten die beiden diese Extrawurst, dafür war der Stoff einfach zu teuer. Michael scheiterte im Rausch daran, die Klotür zu entriegeln, und trat sie einfach auf. Das Schloss sprang weg und hinterließ in dem zersplitterten Buchenholzfurnier ein Loch. Mike hielt sich am Türrahmen fest und grinste dabei genauso dämlich wie jeder einzelne Fußballprofi auf dem Mannschaftsfoto, das jemand als Poster aus dem *Kicker*-Sonderheft neben dem Klo aufgehängt hatte. Michael schob einen Tisch in die Mitte des Raumes, kletterte darauf und sang das nächste Lied laut mit. Dabei riss er sich sein nasses Hemd vom Leib, warf es wie ein Trikot dem Publikum entgegen und machte mit der nächsten Strophe weiter: «You know I'm born to lose, and gambling's for fools ...» Mit jedem Wort drohten seine stark angeschwollenen Adern zu platzen. Angestrengt spannte er den Bizeps an und hielt sich die Faust vor den Mund wie ein Mikrophon. Plötzlich wurde es leise, die Boxen waren offenbar durchgebrannt. Michael fiel theatralisch auf die Knie und blieb erschöpft auf der Tischplatte liegen. Mike schaute mit seinen erweiterten Pupillen ratlos in den mittlerweile ruhigen Raum und öffnete die Kühlschranktür: «Scheiße, Alk ist alle!» Obwohl keine Musik mehr lief, brüllte er den Satz in einer Lautstärke, als ob die Anlage am oberen

Ende ihrer Leistungsfähigkeit angekommen war. Chari versuchte durch hektisches Umschalten der Tasten der defekten Kompaktanlage ein letztes Lied zu entlocken. Fehlanzeige. «Hat eure Pissbude vielleicht noch auf?», fragte Mike. Chari warf einen Blick auf seine Casio-Uhr. Erschrocken stellte er fest, dass es nach zehn Uhr war. Bevor er auch nur eine weitere Sekunde über die Konsequenzen nachdenken konnte, ging die Kellertür auf.

Keiner sagte einen Ton. Chrissi war die erste Frau, die an diesem Abend das Clubheim betrat. Sie ging schnurstracks auf die Stereoanlage zu und stimmte das letzte Lied an. «Kakomiri», schrie Chrissi, packte Chari an den Haaren und zog ihn aus dem Keller raus. Für meinen großen Bruder war das die bislang vielleicht wildeste Party, aber gleichzeitig auch der letzte gemeinsame Abend mit den Jungs vom Fanclub. Ab sofort musste er sich die Sportschau wieder zu Hause vor dem Fernseher anschauen. Immerhin war seine Situation besser als die von Michael und Mike: Im Jugendarrest gab es nicht mal einen Fernseher, stattdessen aber Stille Post. Über einen Mittelsmann ließen sie ausrichten, «der Grieche» hätte lebenslang Hausverbot im Clubheim, nachdem er sie verraten habe. Chari akzeptierte die Ansage aus dem Knast, obwohl er sich nichts vorzuwerfen hatte. Irgendwie hatte er keine Lust, seine alten Freunde im Gefängnis zu besuchen und sie darüber aufzuklären, dass sie den Karren höchstpersönlich in den Dreck gefahren hatten, was wahrlich keine Metapher ist. Am Samstag nach der Party hatten Einbrecher ein Kiste Wodka aus dem Kiosk gestohlen und beim Versuch, die Zigarettenbox aufzubrechen, erheblichen Sachschaden angerichtet. Am Vormittag hatten zwei Polizisten einen

Opel Kadett auf einem Waldparkplatz an der Jahnhöhe gefunden. Wanderer hatten sich über den Lärm aus einem Autoradio beschwert und der Polizei den Ärger über die Störenfriede und das Kennzeichen aus einer Telefonzelle mitgeteilt: HH-SV-846. Als die Polizei dort eintraf, schliefen Michael und Mike seelenruhig auf dem Beifahrersitz beziehungsweise der Rückbank. Danach inspizierten sie den Wagen und öffneten den Kofferraum. Dort fanden die Beamten reichlich Wodka, einen Baseballschläger und eine rote Spraydose. Die Einbrecher waren überführt. Dummerweise hatten sie bei dem Einbruch ihre fälschungssichere Unterschrift an der Vorderseite des Kiosks hinterlassen. Der Platz auf der Frontscheibe war reserviert für große Werbeaufkleber, die beispielsweise auf die extralangen Peter-Stuyvesant-Zigaretten aufmerksam machten («Länger genießen») oder die Heiße Hexe priesen («3 Rostbratwürstel mit Krautsalat – 2 Mark!»). Neu war der Spruch von Mike und Michael, mit roter Farbe gesprüht: «Griechen riechen».

8. KAPITEL

LA BOUM

Das Wahlplakat seines Namensvetters konnte Helmuts Laune an diesem Samstagvormittag auch nicht mehr retten. Im Gegenteil. Wo er sonst eine für sein Mofa perfekte Abstellmöglichkeit an der Straßenlaterne vor dem Kiosk hatte, stand jetzt ein verschmierter Aufsteller der CDU. Das Bild des Bundeskanzlers war vollgekritzelt. «Birne kommt» hatte ein Unbekannter mit dickem Filzstift über den Hinweis auf den Wahlkampftermin am Rathausmarkt geschrieben. Ein anderer hatte den Pappkameraden kurz und deutlich mit «Arschloch» kommentiert. Seine politische Einstellung war am Anfangsbuchstaben zu erkennen. Das A war eingekreist und stand für Anarchie. Der konservative Bundeskanzler setzte sich für eine ordentliche Gesellschaft ein und hatte bei Amtsantritt die Ausländerpolitik zum Schwerpunkt seiner Arbeit erklärt. So plante die schwarz-gelbe Koalition, das Asylrecht im Grundgesetz zu ändern, um Wirtschaftsflüchtlinge leichter abschieben zu können. Die Hamburger Liste für Ausländerstopp wollte die Grenzen am liebsten ganz dichtmachen, deshalb hatte der hiesige Helmut sie beim letzten Mal auch gewählt. «Dicke Autos fahren, aber nicht arbeiten», schimpfte er noch beim Öffnen der Kiosktür. Er meinte nicht Helmut Kohl. Es war bereits morgens, halb zehn in Deutschland, höchste Zeit für ein Frühstückchen im Kiosk. Hätten keine Treppenstufen zum Eingang geführt, wären einige unserer Kunden wahrscheinlich direkt bis zur Kasse vorgefahren. Entweder aus Bequemlichkeit oder wegen Trunkenheit. Helmut fuhr immerhin nicht besoffen Auto. «Moped ist wie Fahrradfahren, nur etwas lauter», erklärte er Chrissi, wenn sie ihm nach fünf Pils die Zündschlüssel abnehmen wollte. Das konnte sie allerdings kaum beruhigen, hielt sie Radfahren doch für die gefährlichste Art der Fortbewegung überhaupt, obwohl sie es selber nie ausprobiert hatte. Daran hatten auch ihre Jahre in der Fahrradfabrik nichts ändern können. Helmut selber fühlte sich wie ein berittener Polizist, wenn er durch sein Revier zuckelte und nach dem Rechten sah. Dabei saß er extrem aufrecht und hatte meist die Augen zusammengekniffen – schließlich hatte er einen sitzen. Das Visier von seinem Helm blieb aber trotz Fahrtwind immer halb offen, damit der Bierdunst etwas abziehen konnte. So blickte er mal nach rechts, mal nach links und hoffte, etwas Bewegung oder Veränderung im Viertel beobachten zu können. Dann hätte er seinen Freunden beim Treffen mal etwas Neues erzählen können. Aber es war alles wie immer. Bis auf die nervigen Wahlplakate. «Ein blindes Huhn trinkt auch mal ein Korn!», kommentierte Otto die langwierige Parkplatzsuche von Helmut, nachdem dieser die Stufen zum Kiosk erklommen und sich zur Begrüßung lauthals bei allen Anwesenden beschwert hatte, dass sein Gefährt nun 300 Meter entfernt stand. «In vino caritas» prostete ihm Holger Gerdes zu.

Die komplette Trinkerklasse war am Tresen versammelt und feuerte zur Begrüßung von Helmut einen Saufspruch nach dem anderen ab. Das gehörte eben zum guten Ton. «Ouzo statt Juso», empfahl Helmut und eröffnete somit die politische Stammtischdebatte, die vom Birnenbanner vor der Tür inspiriert worden war. Danach stritten sie wie so oft, wer wem die Arbeitsplätze wegnahm und dabei auch noch das meiste Kindergeld einstrich. Helmut machte «die Ausländer» dafür verantwortlich und griff sich nach jedem Schnaps eine andere Gruppe heraus, die ihr Fett wegbekam. Das Komische an den rassistischen Einlassungen war, dass wir im Kiosk davon profitierten. Zwar war es für meine Eltern häufig verletzend, die ausländerfeindlichen Parolen über die angeblichen Sündenböcke rund um das Mittelmeer zu hören, aber weil die hitzigen Debatten kein Ende fanden, bestellten Helmut, Otto und Holger gerne noch ein weiteres Bier. Wir verdienten ganz gut daran – der Begriff Trinkgeld bekam für uns eine ganz neue Bedeutung. Ganz nüchtern mischte sich Harald Bleckenstein von der Seite ein, der Vater meiner Schulfreundin Jenny: «Wenn euch ein Ausländer den Job wegnimmt, der kein Deutsch kann, kein Geld hat und nix gelernt hat, dann habt ihr ja echt viel drauf.» Das musste die Runde erst mal verdauen. Mit einem Schnaps natürlich. Der tüchtige Geschäftsmann legte mit erhobenem Zeigefinger noch einen nach. «Wenn ihr am nächsten Sonntag wieder die Sozen wählt, werden wir bald alle enteignet!», warnte er die Vertreter der Arbeiterklasse. «Dann nehmen sie euch auch noch das Leergut weg ...», scherzte er mit Blick auf die vielen Flaschen auf dem Tresen. «Die Hababis haben dann auch nix mehr zu feiern, oder?! Soll ich dich später mitnehmen zu Patrice?» Harald Bleckenstein schaute mich fragend an. Ich blätterte gerade heimlich unter dem Tresen durch die neue Ausgabe der Zeitschrift *Mädchen* und staunte über die Verwandlung von durchschnittlichen Blondinen, die mit Hilfe von Lidschatten und blauer Wimperntusche plötzlich wie echte Models aussahen. Warum nur durfte ich den Zaubertrick nicht anwenden, fragte ich mich und war sauer auf Mama. Bei Chrissi war der Einsatz von Lippenstift und Schminke strikt untersagt. Umso mehr fühlte ich mich durch das Angebot von Jennys Vater wie ein wachgeküsster Frosch, weil er mir einen Platz in seinem 911er Porsche versprach. Andererseits war ich auch etwas verlegen, weil ich noch nie in ein so teures Auto eingestiegen war. «Gerne», antwortete ich und schluckte den Kloß in meinem Hals herunter. «Schönschön. Jennylein und ich wollten um drei los. Sollen wir dich irgendwo abholen?»

«Ja, das wäre super. Ich warte um drei oben an der Bushaltestelle. O.k.?» Harald Bleckenstein schnippte mit den Fingern, schaute mir tief in die ungeschminkten Augen und richtete seinen Zeigefinger wie eine Pistole auf mich. Das war in seiner Geschäftswelt offenbar das Zeichen für eine Einigung, deutete ich die Geste und freute mich.

Vor den Hochhäusern konnte ich mich unmöglich abholen lassen. Früher war ich stolz darauf gewesen, dass mein Haus zwölf Stockwerke hatte, aber neulich hatte ich die Mutter von Steffi Bieber irritiert, als sie mich nach einer Geburtstagsfeier vor unserer Wohnung aussteigen ließ. Sie fragte zweimal nach, ob das wirklich richtig sei. Danach stieg ich schnell aus, und sie fuhr mit quietschenden Reifen davon. Wahrscheinlich hatte sie Panik bekommen und befürchtet, dass unsere fiesen Nachbarn ihr wertvolles Schätzchen sonst noch aus dem Auto klauen würden wie Raben fremde Eier aus ihrem warmen Nest. Wir saßen in einem Volvo-Kombi mit Sitzheizung. Auf der Geburtstagsparty von Steffi hatte sich Patrice einen Streich erlaubt und alle Mädchen, die auf der Hollywoodschaukel saßen wie Hühner auf der Stange, mit dem Gartenschlauch nass gemacht. Dr. med. dent. Matthias Bieber fuhr daraufhin schnell in die Stadt und kaufte einen ganzen Stapel zitronengelber T-Shirts, die jeder behalten durfte, als die eigenen Sachen längst trocken waren. Ich war gespannt, womit uns die Hababis überraschen würden, und machte mich auf den Weg nach Hause, um mein Geschenk für Patrice abzuholen. Außerdem musste ich mich noch umziehen und aufbrezeln. Heute ist es nur noch schwer vorstellbar, wie sich ein ahnungsloses Mädchen wie ich die damals buschigen Augenbrauen so zupfen konnte, dass sie der DIN-Norm einer 80er-Jahre-Party entsprachen, zumal Chrissi alles andere als eine Hilfe war. Mir blieb also nur die Erinnerung an die Tipps aus der *Mädchen*. Ich war auf die externe Lebenshilfe mehr denn je angewiesen, da ich in den letzten Monaten verstärkt mit meinem Haarwuchs über den Augen zu kämpfen hatte und von meiner Familie nicht nur im Stich gelassen, sondern auch noch gehänselt wurde. Mein großer Bruder machte beispielsweise gerne den Vorschlag, ich könnte Bert in der Sesamstraße im Krankheitsfall vertreten.

Meine Antwort war meist ein freches Ernie-Lachen,

nachdem ich meinen Lieblingswitz, der auf seine Kosten ging, erzählt hatte. «Mama, Mama, Chari bekommt keine neuen Pickel mehr!» – «Wie hat er das geschafft bei seiner schlechten Haut?», machte ich die Stimme meiner Mutter nach. «Kein Platz mehr – Chrrrrrr.» Das Ablenkungsmanöver tröstete mich meistens nur kurz über mein eigenes Handicap hinweg. Ich war von meinem persönlichen Albtraum nur noch wenige Zentimeter entfernt, stellte ich beim Blick in den Alibert Badezimmerschrank fest. Meine Augenbrauen wuchsen immer dichter zusammen. Schon bald rechnete ich mit dem GAU, einem durchgängigen Balken vom rechten bis zum linken Ohr. Ich wollte einfach nicht länger ohnmächtig zusehen, wie sich Chari, die Göttin Aphrodite oder welches Schlitzohr auch immer einen bösen Scherz mit mir erlaubte. Ich beschloss in diesem traurigen Moment, das Schicksal anzunehmen wie Sisyphos die harte Arbeit und entschied mich, für den Rest meines Lebens die Augenbrauen zu zupfen. Notfalls auch mehrmals täglich. Ich setzte also oberhalb der Haarwurzel die Pinzette an und versuchte ganz langsam, die schwarzen Borsten zu entfernen. Beim Zeus!, was für Höllenschmerzen! Ich musste den ersten Versuch abbrechen, weil ich Angst hatte, meine komplette Gesichtshaut abzuziehen wie Fantomas seine blaue Maske. Allerdings war im *Mädchen*-Artikel ausdrücklich davon die Rede gewesen, dass man überflüssige Körperhaare ruckartig entfernen solle. Ruckartig war also das Zauberwort. Das war auch ziemlich schmerzhaft, aber dafür staunte ich nicht schlecht über das Ergebnis. Zwischen meinen Fingern hielt ich einen schwarzen Stachel, den ich mit der Pinzette erfolgreich entfernt hatte. Wie ein Förster kämpfte ich mich weiter durch das Unterholz und entfernte das überflüssige Gestrüpp. Damit meine Baumfällarbeiten im Waschbecken keine Spuren hinterließen, spülte ich alles weg und entfernte mich unauffällig vom Tatort. Beim Blick in den Spiegel war ich mit dem Ergebnis zufrieden, die Brauen waren nun feine Linien, elegant, zeitgemäß und dezent. Das fiele niemandem auf. Ich sollte mich täuschen.

Ich lief ins Wohnzimmer, wo Papa zum Mittagessen gerufen hatte. Meine Brüder saßen bereits über einem Teller Suppe am Esstisch und schauten mich entsetzt an. «Wer hat dir denn die Augenbrauen geklaut, Schwesterlein?» Kommissar Chari hatte mich auf frischer Tat ertappt. Mit hochrotem Kopf versuchte ich, sofort alle belastenden Hinweise zu verschleiern und kratzte mich auffällig lange an der Stirn. «Mit vollem Mund spricht man nicht», antwortete ich zögerlich und versuchte das Verhör so in eine andere Richtung zu lenken. – «Mama, hast du das auch schon gesehen?» – «Was?» – «Was???» Jetzt stand auch Iannis auf und beugte sich über den Tisch. Chrissi kam aus der Küche herbei und ließ dabei beinahe den Teller mit Frikadellen fallen. Hilfe, ich war umzingelt. «Hab ich doch erzählt, von meinem Unfall im Chemieunterricht gestern. Das war der Bunsenbrenner», erklärte ich. Chari spuckte vor Lachen die Suppe über den Tisch und fing sich sofort eine ein. Er verschwand wütend in unserem Kinderzimmer. Auch ich zog mich wieder zurück ins Bad, um nachzusehen, ob die Haare in der Zwischenzeit schon nachgewachsen waren. Ich hörte Chrissis mahnende Worte: Wenn man einmal mit dem Zupfen begonnen hat, kommt man davon nie mehr los. Müsste ich schon nachzupfen?

Mama war als junge Frau durch einen Schminkunfall dermaßen traumatisiert worden, dass sie seither auf ihre natürliche Schönheit setzt. Mit Erfolg. Und nur ungern und wenn ich und Tante Irini sie lange drängen, erinnert sie sich an einen Abend in Thessaloniki, der eigentlich sehr schön begann. Sie durfte für den Besuch im Tanzlokal «Dionysos» im Kleiderschrank ihrer Schwester Stavroula nach einem passenden Outfit suchen und entschied sich für ein weißes Petticoat-Kleid mit blauen Blumen. Der breite Gürtel in der Mitte ließ ihre Taille noch schmaler wirken, als sie ohnehin schon war. Dazu trug sie einen hohen Pferdeschwanz und schwarze, flache Ballerinas. Stavroula wollte Chrissi eine Freude machen und bot ihr ihre teure Mascara an. Sie verschwand damit sogleich im Bad und tuschte sich ihre Wimpern, ihre Augen funkelten jetzt richtig. Im Tanzlokal war Chrissi nicht mehr zu bremsen und tanzte ohne Pause zu Songs wie «Twist and Shout» von den Isley Brothers, «Tequila» von The Champs oder «Good Golly, Miss Molly» von Little Richard. Irgendwann nahm ihr Bruder, der sie begleitete, sie unauffällig zur Seite und flüsterte ihr etwas ins Ohr. Chrissi ließ sich nicht stoppen, wimmelte ihn ab und verschwand mit einem neuen Tanzpartner in der Menge. In dem Lokal war es inzwischen fast so heiß wie nachmittags am Strand. Chrissi lief der Schweiß übers Gesicht, aber das störte sie nicht, sie wischte ihn einfach weg. Am liebsten wollte sie die ganze Nacht durchtanzen. Aber ihr Bruder gab nicht auf, packte sie erneut am Arm – und zerrte sie ins Bad. «Ich bin kein kleines Kind mehr», fauchte sie ihn zornig an und knallte wütend die Toilettentür hinter sich zu. «Glaub mir, Schwester, es ist besser so für dich!», gab er ihr noch mit auf den Weg, bevor er sich aus dem Gang vor der Damentoilette zurückzog. Chrissi reihte sich in die lange Schlange vor den Spiegeln und Waschbecken ein, auch hier ging es zu wie im Inneren eines Bienenstocks. Die anderen Mädchen schwärmten mit wilden Gesten, vielen Worten und in einer Lautstärke von ihren unterschiedlichen Tanzpartnern, die kaum ein Atmen erlaubte. Den Mittelpunkt des Geschehens bildete ein kleiner Spiegel, nicht mal einen Quadratmeter groß, aber immerhin durch eine herabhängende Glühbirne beleuchtet. Das schummrige Licht reichte den Rock 'n' Rollerinnen aus, um ihre verschwitzten Kleider zurechtzuzupfen, die Frisuren zu korrigieren und die Lippen nachzuziehen (wobei ein Lippenstift zu dieser Zeit ein streng rationiertes Luxusgut war). Es war unglaublich schwer, sich in der ersten Reihe vor dem Spiegel zu konzentrieren, weil die kichernden Mädchen immer wieder von Missgeschicken auf der Tanzfläche berichteten, von verrutschten Trägern oder verlorenen Schuhen. Manchmal mussten sie dabei so laut lachen, dass sie ihren Lippenstift neu ansetzen konnten. Beim Blick in den Spiegel, auf den sie so lange gewartet hatte, erschrak meine Mutter und wurde kreidebleich. Wie sie sich verunstaltet hatte! Die Mascara hatte ihre Wimpern verlassen und sich auf ihrem gesamten Gesicht breitgemacht. Sie sah aus wie ein sehr, sehr trauriger Zirkusclown. Mühsam wischte sie mit einlagigem Klopapier in ihrem Gesicht herum, sah aber auch nach mehreren Ladungen Wasser aus wie von einer feinen Staubschicht bedeckt. Und das war's – das sollte ihr nie wieder passieren, schwor sie sich und rührte das Teufelswerkzeug billiger Mädchen fortan nie wieder an. Weder ein Puderpinsel schaffte es in ihren Kulturbeutel noch eine Wimpernzange, nicht mal für einen Lippenstift ist Platz bei ihr. Den Rest des Abends saß sie wie versteinert in einer Ecke des Lokals, mit hängenden Schultern und einem etwas weniger funkelnden Blick. Bewundernd verfolgte sie die lässigen Drehungen ihres Bruders, der die Schönheiten am ausgestreckten Arm zappeln ließ. Dabei verformte er seine Tanzpartnerinnen fast wie Barbie-Puppen, bevor er die Mädchen dann wieder in die Arme nahm und mit einem Kuss von der Gymnastikübung erlöste.

Ungeschminkt, aber immerhin mit ganz frisch gezupften Augenbrauen wartete ich gespannt an der Bushaltestelle auf den Porsche 911. Jenny hüpfte aus dem Sportwagen und umarmte mich, auch ich drückte sie fest. Eine sportliche Geste, mehr auch nicht. Das Match war eröffnet. Aus Freundinnen waren Steffi Graf und Monica Seles geworden. Viel mehr Gefühle entwickelten wir beide, als wir fünf Minuten später in die Kieseinfahrt der Hababis einbogen und anschließend Patrice umarmten, der uns schon mit breitem Grinsen vor seiner Haustür erwartete. Jenny ging mit einem leichten Vorsprung ins Rennen, weil ich etwas länger brauchte, um mich aus der engen Rückbank des 911er zu befreien. Erleichtert stieg ich aus und drückte die Tüte mit meinem Badeanzug und den Karton mit den Leonardo-Gläsern an mich. Ich war mir zu einhundert Prozent sicher, dass Patrice mich am Ende der Party noch auf einen KiBa auf sein Zimmer einladen würde, den wir mit den Wolken umrühren würden.

Gespannt überreichte ich Patrice sein Geschenk. Er wickelte die beiden Gläser aus, drehte sie kurz im Licht und bedankte sich kurz und knapp mit einem Nicken, ohne jeden Körperkontakt. Danach verschwand er mit den beiden Gläsern im Wohnzimmer, ohne sich auf einen Flirt mit mir einzulassen. Dabei hatte ich die beiden Umrührer aus Plastik noch als Überraschung in meiner Jackentasche zurückbehalten. Nach meinem wochenlang ausgearbeiteten Drehbuch sollte er mir dafür zuerst tief in die Augen sehen und sich dann mit einem Kuss bedanken. Schade, dachte ich mir, aber auch: Kann ja noch werden. Ich folgte Jenny an die lange Tafel ins Esszimmer, daneben war ein Kuchenbuffet aufgebaut. Anders als die Bleckensteins hatten die Hababis keine eigene Haushälterin, deshalb waren die meisten Torten aus der Konditorei Coppenrath & Wiese, genauer gesagt aus der Tiefkühltruhe. Ihre Einrichtung erinnerte mich an die Wohnung meiner Tante in Hannover und war ein bunter Mix aus nachgebauter Folklore und modernem Kram. Neben einem einfachen orientalischen Hocker stand ein teurer italienischer Schaukelstuhl aus verchromtem Stahl, über dem rustikalen deutschen Eichentisch hing eine schöne marokkanische Lampe. Auf dem Marmorboden lagen viele mit Kissen dekorierte Teppiche übereinander. Chrissi hätte hier erst mal für Ordnung gesorgt.

Ich nahm mir Mamas Motto, dass andere Mütter auch schöne Töpfe haben, zu Herzen, setzte mich neben Boris aus der Parallelklasse und zauberte ihm mit einer Dose Sprühsahne ein großes Herz auf den Schoko-Kuchen. Aber ehrlich gesagt: Mit Boris konnte man wunderbar Blödsinn machen, mehr aber auch nicht. Und jetzt waren die Jungs auch mitten in einem Wettbewerb: Sieger wurde derjenige, der die meisten Kuchenstücke verdrücken konnte. Die Disziplin für uns Mädchen war nicht annähernd so lustig. Es ging darum, die ohnehin schon kleinen Stücke Baumkuchen so aufzuteilen, dass man bis zum Abendessen so wenige Kalorien wie möglich zu sich nahm. Jenny und Britta lieferten sich ein spannendes Duell im Krümelinhalieren. Hinter den beiden hatte ich keine Chance und entschied mich mit großem Appetit lieber dafür, beim Wettessen der Jungs mitzumischen. So hatte ich die meiste Zeit den Mund voll. Zwischendurch brachte ich Boris mit derben Sprüchen zum Lachen, die ich im Kiosk aufgeschnappt hatte und die nicht hierhergehören. Die anderen Mädchen unterhielten sich derweil ganz angeregt über die nächste Skifreizeit in Österreich – der Tennisclub fuhr mit seiner Jugendabteilung über Silvester ins Zillertal, und die Grazien waren sich nicht sicher, welche Klamotten sie mitnehmen sollten. Also stellten sie die E-Frage: Elho oder Elesse? Alle, wirklich alle Geburtstagsgäste würden wohl dabei sein – außer mir. «Ich kann dieses Jahr leider nicht mit», log ich, als ob ich die letzten Jahreswechsel selbstverständlich in den Alpen verbracht hätte. «Und wo fahrt ihr stattdessen hin?», fragte mich Jenny ahnungslos. Es klang fast, als hätte sie Mitleid. «Ich bin im Harz, im Trainingslager», fiel mir eine spontane Notlüge ein. «Macht ihr da auch Wintersport, oder esst ihr da nur Kuchen?», hakte Jenny nach und grinste. Zum ersten Mal an diesem Nachmittag kam das Biest in meiner Freundin durch. Der ganze Tisch lachte, leider auf meine Kosten. «Jugend trainiert für Olympia», antwortete ich schlagfertig. Ein einziges griechisches Wort kann manchmal eine schwierige Situation retten. Auf meine Wurzeln war eben Verlass, und prompt hatte ich wieder die Aufmerksamkeit der Jungs gewonnen. Sie hingen an meinen Lippen, während ich von einem dramatischen Finale aus dem vergangenen Winter erzählte. In Wahrheit war ich noch nie in meinem Leben im Skiurlaub oder auf einem Berg gewesen, noch nicht mal auf dem Hamburger Berg. Dabei wäre ich gerne über Weihnachten in einer verschneiten Skihütte abgestiegen wie George Michael mit seinen Freunden im Videoclip von «Last Christmas». Aber schon vor der letzten Klassenfahrt nach Sylt hatte ich es unendlich peinlich gefunden, den rosa Antrag auf einen Zuschuss vorne beim Klassenlehrer abgeben zu müssen. Am Ende durfte ich zwar auf Kosten der Hansestadt Hamburg mitfahren, aber die Jugendherberge Puan Klent war auch nicht ansatzweise so teuer wie die Skipension Alpenrose. Das Thema war für mich abgehakt. Meine nächste Chance, im Teenie-Battle zu punkten, hatte ich im Keller, denn als nächster Programmpunkt der Geburtstagsparty war ein Besuch im Hallenbad der Hababis vorgesehen. Alle Mädchen zogen sich im Gästezimmer um und setzten sich anschließend am Beckenrand auf weiße Plastikliegen, wie sehr bleiche Hühner auf eine Stange. Gespannt warteten wir darauf, von unseren Verehrern ausgewählt zu werden. Es war das größte Kompliment, wenn zwei Jungen ein Mädchen an Armen und Beinen packten und ins Wasser warfen. Die Körperkontakte nahmen langsam zu, und um nichts anderes geht es in diesem Alter schließlich. Allerdings ging ich auch hier wieder mit einem leichten Nachteil ins Rennen und war deshalb nur dritte Wahl: Mit meinem dunkelblaumen Badeanzug von Arena und der passenden Bademütze wirkte ich – im Gegensatz zu Jenny in ihrem knappen weißen

Bikini – fast wie von einem Burkini verschnürt. Punktabzug bekamen wir beide für unsere nicht vorhandene Oberweite, die meine direkte Konkurrentin mit überkreuzten Armen gekonnt kaschierte. Ich wunderte mich, warum Jenny so lange nach der Freibadsaison noch immer schöne goldbraune Haut hatte. Boris erklärte mir auf Nachfrage das biologische Wunder mit einem simplen Trick. Jenny legte sich jeden Sonntag auf die Sonnenbank ihrer Eltern. Ich versuchte es nach diesem Hinweis mit einer langen Sitzung vor der Rotlichtlampe, die Mama und Papa rauskramten, wenn sie Rückenschmerzen plagten. Ohne Erfolg, ich war das ganze Jahr über blass. Andererseits war das ein guter Kontrast zur dunklen Haut von Patrice, der mit angespannten Muskeln auf dem Startblock wie eine griechische Statue aussah und – untypisch für einen Gipsmann – seine neue Spezialität demonstrierte: einen anderthalbfachen Rückwärtssalto. Beim Eintauchen gab er keine so gute Figur ab, seine rote Turnhose verrutschte und verfing sich in einem der Filter am Beckenrand. Ich sah meine große Liebe zum ersten Mal nackt – und erschrak. Völlig zu Unrecht, wie sich im weiteren Verlauf der Party herausstellte, mir drohte keinerlei Gefahr. Wir trockneten uns ab, stärkten uns mit Pizza und zogen einen Raum weiter in den Hobbykeller, der bereits zur Disco umgebaut worden war. Für seinen nächsten Auftritt hatte Patrice sich eine sportliche Klamotte angezogen, in der er aussah wie ein Tennislehrer. Er trug einen Pullunder mit Karomuster von Ivan Lendl und nichts drunter – außer einer Goldkette. Untenrum hatte er sich für eine ausgewaschene Karottenjeans der angesagten Marke «Edwin» aus Japan entschieden. Außerdem ein Paar Tennissocken von Falke mit rot-weiß-blauen Bündchen und dazu passend ein Paar abgetragene «Tennis Spezial» von «adidas». Das Modell war an unserer Schule sehr beliebt. Wer auf kleine Details wie parallele Schnürtechnik und originelle Beschriftung achtete, konnte sich damit trotzdem von der Masse absetzen. Die Popper aus dem Villenviertel hatten beispielsweise mit einem Edding die Buchstaben an der Außenseite der Sohle schwarz angemalt, nur die Asis aus meiner Nachbarschaft entschieden sich für einen roten Schriftzug. Es war die Zeit, in der wir unseren Jugendstil prägten. Zumindest versuchten wir uns halbwegs so zu verkleiden, wie es der Popstar Madonna weltweit vorlebte mit seinen wöchentlich wechselnden Föhnfrisuren. Ich wagte mich erst gar nicht ran an das Experiment mit der sauren Dauerwelle, entschied mich für den im Nachhinein richtigen Weg und ließ mein braunes Haar lang wachsen. Die Teenager in meiner Klasse quälten sich unterdessen mit den entscheidenden Fragen des Lebens. Dauerwelle oder Rattenschwanz, Brilli oder Sicherheitsnadel, Button Fly oder Reißverschluss, Pepsi oder Cola, adidas oder Nike, McDonald's oder Burger King, Jenny oder Linda, zu dir oder zu mir?

Patrice hatte sich offenkundig (falsch!) entschieden und näherte sich nach den ersten Liedern immer aufdringlicher Jenny. Sie warf ihre Arme in die Luft und bewegte sich zum Soundtrack von «Flashdance» wie die Hauptdarstellerin Jennifer Beals, natürlich ohne in der entscheidenden Szene hinzufallen. Danach lag ihr die ganze Clique zu Füßen. Jenny nutzte das schamlos aus und kommandierte die Jungs mit einer eindeutigen Handbewegung. Sie mussten zum Lied «Material Girl» von Madonna der Reihe nach neben ihr tanzen. Jetzt war sie wieder die Nummer eins wie in der Schule, wo sie wie ein Roboter ihr Programm abspulte. Es gab kaum eine Klassenarbeit, in der sie nicht die Note sehr gut mit nach Hause brachte. Ihre wahren Probleme waren für mich auf den ersten Blick nicht zu erkennen: Sie hatte heute schon wieder gekotzt. Ich erfuhr erst Jahre später davon.

Unsere On-Off-Freundschaft war nach dieser Party für mich definitiv beendet. Die Bombe ließ sie ausgerechnet bei der Prince-Ballade «Purple Rain» platzen. Patrice hatte versprochen, den gleichnamigen Film mit mir zusammen im Kino anzuschauen. Jenny aber schnappte sich den Gastgeber, meinen Freund! Na ja, jedenfalls fast, zog ihn vor aller Augen auf die Tanzfläche und knutschte ihn demonstrativ ab. Ich revanchierte mich, legte mein Gesicht auf Boris' Schultern und krallte mich bei der Engtanzrunde ganz fest in seinen Rücken. Insgeheim hoffte ich, dass Patrice wenigstens meine Hände zu sehen bekam. Mein verheultes Gesicht konnte ich ihm an seinem Geburtstag nicht mehr zumuten. Ich fühlte mich wie gelähmt und wurde beim Gitarrensolo plötzlich bewusstlos. Dabei bemerkte ich nicht mal, wie mich mein Tanzpartner auf der Couch ablegte und mit Mund-zu-Mund-Beatmung am Leben hielt. Die Party war vorbei.

Richtig zu mir kam ich dann erst wieder im Volvo der Biebers. «Sie können mich hier unten an der Ecke rauslassen», gab ich Steffis Mutter ein Zeichen, mich an einer anderen Stelle als nach der letzten Geburtstagsparty abzusetzen. «Bist du sicher?», fragte mich die Fahrerin besorgt. «Wir sind umgezogen», schwindelte ich, bedankte mich und stieg aus. Ich fühlte mich wie ausgekotzt, abgewiesen und nicht gewollt. Einsam und verloren trottete ich zu unserem Block, den Blick auf die Straße gesenkt. Fast wäre ich dabei mit einem fremden Mann zusammengestoßen. Ich wich aus und wollte rechts an ihm vorbeigehen, aber der Unbekannte hatte denselben Gedanken und stand schon wieder vor mir. Obwohl wir schon den ersten Frost hatten, riss der Mann plötzlich seinen schwarzen Mantel auf. Ich war sprachlos. Er war nackt! Zum zweiten Mal innerhalb eines Tages zuckte ich beim Anblick eines männlichen Geschlechtsteils zusammen. Es hing nicht herab wie bei Patrice im Schwimmbad, sondern zeigte in die andere Richtung. Zur Überraschung des Mantelmannes lief ich nicht weg, sondern ging einen weiteren Schritt auf ihn zu. Mit voller Kraft rammte ich ihm mein Knie zwischen die Beine. Es half, das nackte Elend krümmte sich vor Schmerz und stützte sich an einem Jägerzaun ab. Den Trick zur Selbstverteidigung hatte uns Jo-Jo-Johnny gezeigt. In den Herbstferien hatte ich an unserer Schule sein erstes Kampfsportseminar besucht. Nach dem Tritt lief ich in der Mitte der Fahrbahn weiter und drehte mich den ganzen Heimweg nicht mehr um. Ich rannte um mein Leben. Nach fünf Minuten war ich endlich am Hochhaus angekommen, meine Knie zitterten, und mit letzter Kraft öffnete ich unsere Tür. Die ganze Familie saß vor dem Fernseher. Ich schaute durch den kleinen Türspalt ins Wohnzimmer, damit man mein verweintes Gesicht nicht sehen konnte und verschwand mit einem schnell hineingerufenen «Kali Nichta» im Kinderzimmer. Dort fiel ich auf mein Bett und heulte mich in meinem Kopfkissen aus.

Am nächsten Tag wollte ich zu Tante Toni, um mit ihr Kniffel zu spielen. Die Packung gerösteter Erdnüsse, die sie extra für mich gekauft hatte, ließ ich links liegen, schwieg eisern, und selbst als ich den dritten Strich beim Viererpasch und Full House eintragen konnte, blieb ich emotionslos. Tante Toni fragte mich, was los sei. Erst wollte ich nichts sagen, aber dann erzählte ich ihr doch von meiner unheimlichen Begegnung am Abend. Sie schickte mich sofort zu Onkel Günther ins Arbeitszimmer, der seit dem Sommer kein Kommissar mehr, sondern Polizist im Ruhestand war. Nach einer Kurzfassung von Tante Toni, die mir hinterhergeeilt war, griff er sofort zum Telefon, meldete uns im Revier an und lief mit mir los. Auf der Dienststelle begleitete mich Onkel Günther in ein Zimmer mit Schreibtisch und mehreren deckenhohen Aktenschränken. Ich setzte mich hin und erzählte dem diensthabenden Beamten, der sich äußerlich nur unwesentlich von unserer Kiosk-Klientel unterschied, noch einmal alles ganz genau, damit er den Vorfall auf seiner schweren, behäbigen Schreibmaschine dokumentieren konnte. Den Täter zu beschreiben fiel mir besonders schwer, aber mit stockender Stimme wiederholte ich alles, was ich Tante Toni und Onkel Günther schon erzählt hatte. Der Polizist hörte gut zu, fragte immer wieder nach und holte am Ende einen dicken Ordner mit Fahndungsfotos von verschiedenen Männern heraus. Die Porträts waren in Klarsichtfolien abgeheftet. Ein eiskalter Schauer lief mir über den Rücken, denn unter den mutmaßlichen Tätern erkannte ich gleich mehrere Männer wieder, die mir in den letzten Jahren über den Weg gelaufen waren: beim Einkaufen im Kiosk, auf dem Schulweg oder im Freibad.

Von unseren Stammkunden war zum Glück keiner auf der schwarzen Liste, auch den Täter erkannte ich nicht. Trotzdem war ich durch den Vorfall gewarnt und ging zumindest in diesem Winter im Dunkeln nie wieder alleine nach Hause.

Ich hatte erst mal genug von nackten Penissen und vermied auch jeden weiteren Kontakt mit Patrice. Auch um Jenny und ihre Freundinnen machte ich einen weiten Bogen und reduzierte unsere Gespräche auf das Wesentliche: Schreiben wir einen Test? Hast du gelernt? Kann ich deinen Tintenkiller kurz haben? Verabredungen gab es genauso wenig wie weitere Einladungen zu Geburtstagspartys. Die Wochenenden verbrachte ich tagsüber im Kiosk, abends vor dem Fernseher. Wir schauten uns Wiederholungen von «Klimbim» an oder lachten über Dieter Hallervorden in der Serie «Nonstop Nonsens». «Palim, Palim. Ich hätte gerne eine Flasche Pommes frites.» Den Sketch spielten meine Brüder und ich immer und immer wieder nach. Der treudoofe Blick des als Gefängnisinsassen verkleideten Schauspielers kam uns irgendwie bekannt vor, zahlreiche Doppelgänger von Didi waren uns seit der ersten Ausstrahlung schon im Kiosk begegnet. «Ja ham Se denn 'ne Flasche mit?», berlinerte Chari hinterm Tresen, wenn ein Kunde wieder völlig verwirrt im Schlafanzug erschien und keiner von uns verstand, was er eigentlich wollte. «Wenn de nüscht hast, haste immer noch was zu lachen.» Das war ein gutes Motto in unserer Situation. So verbrachten wir den kalten Winter, Weihnachten und Ostern, zusammengekauert auf der Couch, im Winterschlafmodus wie Murmeltiere. Über das Schicksal von Patrice, das ist hier kein zu großes Wort, erfuhr ich nur aus zweiter

Hand auf dem Schulhof – und aus der Zeitung. Er war Silvester in die Skifreizeit gefahren und seitdem wie von einer Lawine verschüttet, einfach nicht mehr aufgetaucht. Das Paradies im feinen Rosengarten existierte für die Familie nicht länger. Die Hababis hatten ihre Villa aufgeben müssen. Und ausgerechnet der Sonnyboy Patrice hatte besagte Lawine losgetreten, denn zuerst war er von den Erziehern im Gruppenzimmer bei Jenny erwischt worden. Die Freizeit war für ihn damit vorzeitig beendet, und er musste abreisen. Gleichzeitig kam auch Harald Bleckenstein unangekündigt eine Woche früher von einer Geschäftsreise zurück. Zunächst war er etwas besorgt, warum Doktor Hababi in der Einfahrt parkte und seiner Frau einen Hausbesuch abstattete, aber dann überraschte er seine Ehefrau Miriam Bleckenstein mit dem marokkanischen Arzt im Bett. Die beiden Männer kannten sich aus dem Tennisclub und tauschten in der Sauna auch mal Geheimnisse aus, finanzielle und private. Jetzt rächte sich der Betrogene an Doktor Hababi, indem er die Medien über dessen falsche Identität informierte: Obwohl er in den letzten Jahren als HNO-Arzt zahlreiche Nasenoperationen erfolgreich durchgeführt hatte, war er dazu gar nicht berechtigt gewesen. Der Doktortitel aus Marokko war frei erfunden und die Aufenthaltsgenehmigung damit futsch. Der Ärzteskandal war Anfang des Jahres über eine Woche lang Thema in den Tageszeitungen, die ich im Kiosk Tag für Tag vor der Nase hatte, dicke Schlagzeilen und großformatige Fotos inklusive. Auch Patrice erkannte ich auf einem Titelbild. Er sah immer noch gut aus. Seine Mutter ließ sich nach dem Sturz ihres Mannes scheiden, verkaufte das Haus und zog mit ihrem Sohn in eine Wohnung nach Neuwiedenthal. In dem Harburger Nachbarort mussten sie sich an einen sehr bescheidenen Lebensstil gewöhnen. Patrice wechselte noch vor den Halbjahreszeugnissen auf die Gesamtschule nach Neugraben, sodass ich ihn erst kurz vor den Sommerferien wiedertraf: An einem stinknormalen Donnerstag wartete er am Rande des Schulhofs – auf mich. Wir grinsten beide breit, er verlegen und ich überrascht, während wir fast synchron von einem Bein aufs andere traten. Auf den üblichen Jazztanz in der stickigen Turnhalle verzichtete ich an diesem Nachmittag gerne. Die Sonne war bereits schön warm, und wir spazierten unten am Hafen die Elbe entlang. Es gab viel zu berichten, wir hatten uns seit seinem Geburtstag, der aus dem Ruder gelaufen war, nicht mehr gesehen.

Im Nachhinein stellte sich das Drama auf der Geburtstagsparty als großes Missverständnis heraus. Patrice war sauer gewesen, weil ich es aus seiner Sicht auf Boris abgesehen hatte und dabei nicht mal Rücksicht auf seinen Geburtstag nahm. Jenny hatte also die ganze Zeit auf dem zweiten Platz gelegen – nur hatte ich das nicht bemerkt. So kamen die beiden zusammen, der Schöne und das Biest. Kurz vor Weihnachten unterstellte sie ihm aus heiterem Himmel – vielleicht hatte er eine ihrer Freundinnen zu lange angesehen –, er habe ihr etwas gestohlen. Nur deshalb wollte er sie auf der Skifreizeit zur Rede stellen und wartete in ihrem Zimmer auf sie. Dabei sei er eingeschlafen und ausgerechnet in dem Moment, als die anderen Mädchen sein Schnarchen bemerkten, sei der Sportlehrer aufgetaucht und hätte ihn rausgeschmissen. «Viel Bohei um nix», beschwichtigte mich Patrice.

«Aber mit Anfassen, oder?»

«Fummeln mit Skihandschuhen eben. Jenny ist doch so kalt wie ein Eisschrank», versuchte Patrice seine Liebelei ins Lächerliche zu ziehen und erkundigte sich nach meinem Liebesleben, über das es nix zu berichten gab. Er stellte die Vertrauensfrage, «Willst du mit mir gehen?», ich zögerte aber noch. Dazu empfand ich seine Version der Geschichte doch als etwas zu unglaubwürdig, schließlich hatte ich im Kiosk Zugang zu allen kritischen Medien, und mein Blick war dadurch geschult. Meine Methoden auch: Ich wollte ihn lieber eine Zeitlang auf die Probe stellen. «Nach den Sommerferien bin ich vielleicht bereit für eine Beziehung», versprach ich Patrice ganz erwachsen und erzählte ihm von meiner Begegnung mit einem unbekannten Penis auf dem Nachhauseweg von seiner Party.

Dann wurde es aber doch richtig ernst und dies ganz endgültig der Sommer der Entscheidungen: Zu dir oder zu mir, die Frage war tatsächlich nicht so leicht zu beantworten, stellten wir gemeinsam fest. Auch Patrice hatte inzwischen Zweifel an der großen Liebe, die Trennung seiner Eltern und der damit verbundene soziale Abstieg belasteten ihn. Er fand das alles ungerecht, schließlich habe sein Vater doch einen guten Job und zumindest in seiner Praxis keine groben Fehler gemacht. Nur die Nummer mit der Patientin Bleckenstein konnte ihm sein Sohn nicht recht verzeihen. Seitdem war der Kontakt zu seinem Vater, der jetzt versuchte, sich in seinem Heimatland eine neue Existenz aufzubauen, abgebrochen. Am liebsten hätte Patrice das Segelboot der Bleckensteins im Yachtclub an der Elbe gekapert und wäre damit Richtung Süden gesegelt und hätte alle Sorgen im

Harburger Hafen zurückgelassen. «In Marokko fahren meine Cousins jeden Tag mit dem Boot aufs Meer, hüpfen in die Wellen, fangen Fisch und lachen den ganzen Tag.»

«Hört sich gut an. Ich habe meiner Mama aber versprochen, das Abitur zu machen», vertröstete ich ihn erneut und verschob das Abenteuer mit dem Segelboot erst mal um ein paar Jahre. Den Wunsch nach einem einfachen und bescheidenen Leben am Mittelmeer konnte ich aber gut nachvollziehen. Nach dem turbulenten Jahr war ich froh, in ein paar Tagen Deutschland für drei Wochen zu verlassen und mich einfach nur faul an den Strand zu legen.

9. KAPITEL

FERIEN IM TAUNUS

Der Buchstabe Z kommt immer am Ende. Zumindest im deutschen Alphabet, auf dem Amt, im Telefonbuch – oder bei der Zeugnisausgabe. In der Schule musste ich nur noch Mehmet Yilmaz abwarten und Sascha Zebrowski, dann hörte ich auch schon meinen Namen. Zervakis, Linda, bitte. Ich war es gewohnt, die Letzte zu sein. Mit prüfendem Blick schaute unser Mathelehrer Erwin Steiger auf mich herab. Ich hatte keine Wahl, fing an zu winseln, wackelte mit dem Schwanz und gab schließlich Pfötchen wie ein Hund. Alles nur wegen eines Papierfetzens. Das DIN-A4-Blatt entschied über unsere unmittelbare Zukunft; Ehrenrunde oder Versetzung, auf dem Gymnasium bleiben können oder gehen. «Wie der deutsche TÜV», erklärte uns Papa immer den Sinn und Unsinn der Zeugnisvergabe, denn zumindest die Plakette war doch eigentlich völlig überflüssig: Hauptsache, das Auto sprang an. In Deutschland hatte man dagegen Angst vor dem TÜV, den Männern der GEZ, die nicht angemeldete Fernseher suchten, und selbst vor Müllmännern, die zwar immer pünktlich kamen, aber nicht jeden Müllsack akzeptierten. So wie die Lehrer eben, die auch mal die Note ungenügend vergaben und die Schüler im laufenden Schuljahr stehenließen. Ich war zuversichtlich, dass ich versetzt worden war, blieb aber gespannt, für welche schriftliche Bemerkung sich mein Klassenlehrer in diesem Jahr entschieden hatte. Zuckertüte oder Peitsche? Eigentlich hätte ich wegen meiner Aufmerksamkeiten aus dem Kiosk folgenden Satz verdient gehabt:

«Linda gab sich ihren Mitschülern gegenüber umgänglich und zuvorkommend. Sie verteilte regelmäßig bunte Tüten, alle Süßigkeiten waren sorgsam abgezählt und gerecht verteilt. Deshalb hatte sie auch nicht immer genug Zeit für die Hausaufgaben. Weiter so!»

Stattdessen schlug mir ein nüchternes «Lindas sprachliche Fertigkeiten sind ausgeprägter als ihre mathematischen!» entgegen. Grrrrrr! Zu gerne hätte ich mein Knie wie ein Straßenköter gehoben und Erwin Steiger ans Bein gepinkelt, weil er mich das ganze Schuljahr mit dem Satz des Pythagoras gequält hatte. Leider brauchte ich unbedingt eine Vier in Mathe, um versetzt zu werden. Bis zuletzt berechnete Erwin Steiger seine Noten nach einer sehr komplexen Formel. Uns Schülern war nicht klar, mit welchem Faktor er das Endergebnis der schriftlichen Klausuren bewertete, die Quersumme daraus mit der mündlichen Note multiplizierte und am Ende durch eine beliebige Zufallszahl dividierte. Egal, es reichte für eine 4,49999999, und ich durfte nach den Sommerferien wiederkommen. Erwin Steiger legte, zusätzlich zu seiner ernüchternden Beurteilung, noch mit einem süffisanten «Das war aber knapp, liebe Linda. Wenn sich deine Leistungen nicht bessern, schaffst du es nächstes Schuljahr nicht» nach. Ich zuppelte an meinem Rock herum, verschob das Pinkeln auf den Moment des Sitzenbleibens im nächsten Jahr und rang mir ein Lächeln ab, das bestimmt noch halb so süß wie unsere bunten Tüten war: «Vielen Dank. Ich werde mich in den Sommerferien gut vorbereiten», schwindelte ich ihm vor – und machte einen Knicks. Auf dem Schulhof nahm ich Steffi in die Arme, mit der ich mich immer besser verstand. Auch sie hatte sich nach der letzten Klausur mit einer gefeierten Vier minus gerade noch über die Ziellinie gerettet. «Sehen wir uns nachher am Baggersee?», fragte uns Boris. Er wollte in den Sommerferien ein letztes Mal Faulenzen, Dosenbier trinken und Blödsinn reden, bevor er auf das Brighton College wechselte. «Nee, wir fahren nachher gleich los an den großen See von Thessaloniki. Drei Wochen Mittelmeer», antwortete ich und war dabei endlich einmal stolz auf unseren Familienurlaub, darauf, dass es überhaupt einen geben würde, und darauf, wohin er uns führte. Ich versicherte Boris noch, dass er in Schuluniform toll aussehen würde, wünschte ihm viel Glück mit den rothaarigen Mädchen auf der Insel und rannte los, als der Bus um die Ecke bog. Meine Freude über das Zeugnis und die langen Ferien hielt auf der Busfahrt durch Harburg an, und ich schenkte allen Bekannten ein Extralächeln. Ein singender Busfahrer saß am Steuer, Johnny und Gerda Brocken thronten auf einem der gepolsterten Schalensitze, das Leben war schön! Ich musste zwar stehen und mich an den Plastikringen festkrallen, aber in den nächsten 48 Stunden würde ich noch lang genug auf meinem Hintern sitzen: Dieses Jahr würden wir das Auto nehmen. In den Jahren zuvor dauerte die Reise immer mindestens drei Tage mit dem Zug.

Bis Österreich verlief die Bahnreise dabei recht geordnet. Die einzige Reisegruppe, die Unordnung in das Abteil brachte, war meine Familie. Das lag hauptsächlich an dem riesigen Lunchpaket, das Mama für uns dabeihatte. Als verantwortliche Reiseleiterin schmierte sie nicht einfach nur ein paar Stullen. Nein, Chrissi war mit der Vorbereitung dieses Fresspaketes zwei Tage lang beschäftigt. Wir hatten jedes Jahr ungefähr zwanzig Frikadellen, zehn hartgekochte Eier und fünfzehn mit Cervelatwurst und Bierwurst belegte Brötchen dabei. Für den kleinen Hunger zwischendurch waren noch mit Bresso-Frischkäse bestrichene oder mit Leerdammer und einer Scheibe Gurke belegte Brote im Gepäck. Bei Temperaturen von durchgehend mehr als 20 Grad löste sich diese Kombination meistens in eine Käse-Gemüse-Teig-Mischung auf, deren einzelne Bestandteile höchstens noch zu erahnen waren. Es schmeckte besser, als es klingt. Wirklich ekelhaft, jedenfalls von seiner Konsistenz her, fand ich Corned Beef, das wir für den allerschlimmsten Notfall dabeihatten. «Ist Familie gesund, isst sie jede Stund'!», pflegte Chrissi zu rechnen und packte sicherheitshalber zwei Dosen Rindfleisch in Aspik ein, weil sie unterwegs leicht zu öffnen waren. Mit viel Senf und sauren Gurken war das eigentlich ganz lecker, aber das das Fleisch umschließende glibberige Zeug weckte bei mir so ungünstige Assoziationen, dass es in den Abteilaschenbecher wanderte, und zwar schnell. Der Deckel unserer provisorischen Mülltonne ging schon eine Stunde nach der Abfahrt nicht mehr zu. Die Krönung unseres Reiseproviants war die selbstgebackene Pita. Ein ganzes Backblech aus Blätterteig mit Schafskäse durfte auf so einer Fahrt nicht fehlen, schließlich wussten wir beim Umsteigen nie, wie lange wir auf dem Bahnsteig stehen würden. Mama wollte in der knappen Zeit auf keinen Fall auch noch Geld wechseln müssen, um uns am Bahnhofskiosk etwas zu essen zu kaufen. Also spielte sie lieber Selbstversorger und machte uns damit unabhängig von den vielen verschiedenen Währungen wie Schilling oder Dinar, die auf unserer Reise nacheinander in Umlauf waren. Als Zwischenmahlzeit hatten wir noch tütenweise abgepackte Croissants und Milchbrötchen dabei. Das süße Gebäck erfüllte seinen Zweck als Nervennahrung – das endlose Kauen lenkte uns von aufkommender Langeweile ab, wenn die Landschaft keine Abwechslung mehr bot. Der Nachteil aber waren die Verstopfungen, die die pappsüßen Weißmehlbomben unweigerlich auslösten. Kombiniert mit der griechischen Mästung zur Begrüßung unserer Großfamilie, machte das aus mir in den ersten Tagen nach der Einreise eine unberechenbare, sehr, sehr langsam tickende Zeitbombe. Ich konnte manchmal eine ganze Woche lang nicht auf Toilette gehen. Was ich an den Zugfahrten neben dem Essen immer besonders mochte, war der erste Grenzübergang. Ich klebte mit meiner Nase an den großen Scheiben und staunte über die Verwandlung von Landschaft und Architektur. An Deutschland war mir alles vertraut, auch in München sahen die Schilder und Werbetafeln nicht anders als in Hamburg aus, und auch die Verbotsschilder hatten die gleiche Frequenz. 200 Meter nach der Grenze waren wir plötzlich in einer völlig anderen Welt unterwegs. An den Bäumen hingen andersförmige Blätter, die Wiesen und Felder waren völlig unterschiedlich bepflanzt und hatten auch eine andere Aufteilung. Selbst die Autos mit ihren bunten Nummernschildern hatten ein anderes Gesicht. Mit jeder Durchquerung eines Tunnels veränderte sich das Landschaftsbild weiter, die Häuser wurden zwar kleiner, aber irgendwie auch gemütlicher. Selbst wenn ich mit verbundenen Augen über die Grenze getragen worden wäre, hätte ich nach spätestens fünf Sekunden erkannt, dass das nicht mehr Deutschland ist. Es war ein wenig so, als hätte jemand die Fototapete ausgewechselt. Die Fahrt durch Österreich war insofern angenehm, als sie nicht so lange dauerte und wir dadurch das Gefühl hatten, dass wir ein ganzes Land in nur vier bis fünf Stunden durchquert hatten. Eine weitere Etappe geschafft! Mit jedem Personalwechsel wurden auch die Zugbegleiter etwas südländischer. Das bemerkte ich besonders an den Augenbrauen. Die Route ging von München über Salzburg. Kurz vor der jugoslawischen Grenze mussten wir wieder umsteigen, um den Zug Richtung Skopje nach Thessaloniki zu nehmen. Christos überprüfte vor dem Einsteigen immer alle Papiere, auch die Sitzplatzreservierung bewahrte er in seiner Herrenhandtasche auf. Weißes Hemd, schwarze Hose und das Leder-Accessoire – Papa sah auch verschwitzt gut aus und hatte in jeder Situation den Überblick, auch in der Schlacht um das Zugabteil. Chrissi reichte unser Gepäck von draußen weiter wie ein Akkordarbeiter im Hamburger Hafen. Ich war als Erste an der Reihe, dann zerrte Iannis unser Hab und Gut zu Chari, der es schließlich unter lautem Stöhnen zu Papa in den Zug warf: drei Koffer mit

Klamotten, die Tasche mit dem Essen und den Sonnenschirm. Die Kühlbox stand noch auf dem Bahnsteig, als ich schon die Trillerpfeife des Schaffners hörte. Ich hatte Angst, dass nur unser Gepäck in Griechenland ankommen würde und wir ohne unseren Vater für den Rest unseres Lebens in Villach-West betteln müssten. Am Ende war ich heilfroh über meinen Sitzplatz im Jugo-Express, wie wir den restlos überfüllten Zug in Richtung Süden nannten. Wir mussten uns eine halbe Stunde durch die vielen Koffer, Taschen und unterschiedlichen Sprachen der Gastarbeiter kämpfen, bis wir endlich vor unserem Abteil standen. Es war natürlich schon besetzt. «Ich stehe nur am Bahnhof!», wiederholte Chrissi unablässig und wollte damit zum Ausdruck bringen, dass sie überhaupt nichts verstand. Das Chaos war perfekt, die Kommunikation verlief mit Händen und Füßen immer nach dem Prinzip: Wer am lautesten schreit, hat recht! (Diese Regel gilt, glaube ich, noch bis heute in vielen Ländern, nicht nur auf dem Balkan.) Irgendwann erlöste uns der Schaffner, griff mit sehr lauter Stimme durch und beendete die Sitzblockade. Die renitente Großmutter mit Zahnlücke und starkem Mundgeruch und ihre hysterische Tochter, die sich dort breitgemacht hatten, verließen laut fluchend unser Abteil mit ihren Koffern, Tüten und diversen Kindern und lösten das Problem, indem sie einfach einen Waggon weiter den Gang mit ihrem Gepäck verstopften. «Und deine Sone?» Chrissi sprach das Wort aus wie die Sonne, meinte aber den schlafenden Jungen im Gepäcknetz. Ohne den deutlichen Hinweis hätte die Rabenmutter ihn bestimmt vergessen. Die Anführerin der jugoslawischen Miliz klemmte sich den Kleinen unter den

Arm, bedankte sich zum Abschied mit dem Schiessbefehl und forderte jedes Familienmitglied auf, uns einen fiesen Furz zu hinterlassen, weshalb Chari als Sofortmassnahme zuerst das schwere Schiebefenster runterriss und sich weit hinauslehnte, um tief durchzuatmen. Die abgestandene Luft aus dem Abteil mischte sich aber nicht wie erhofft mit kühler Bergluft. Mein Bruder kniff die Augen zusammen und wurde von dem warmen Wind überrascht, der ihm ins Gesicht blies, als hätte jemand einen verstaubten Föhn vom Speicher geholt und ihn jetzt mit höchster Stufe auf ihn gerichtet. Chrissi wischte sich den Schweiss von der Stirn und fummelte an der Tasche mit dem Essen so lange herum, bis sie für jeden von uns erreichbar war, auch für meinen kleinen Bruder. Doch der war verschwunden. Mama machte sich auf die Suche nach dem verlorenen Sohn und hatte grosse Sorge, die Oma hätte ihn in einer der vielen Tüten mitgenommen. Papa klopfte unterdessen die Sitze ab – ohne Erfolg. Der Geruch von Schweissfüssen und kaltem Zigarettenrauch wäre nicht mal bei 90 Grad im Vollwaschgang aus den Bezügen zu bekommen gewesen. Resigniert zog er sich die Schuhe aus, holte sich ein durch die Hitze aufgebackenes Käsebrötchen aus der Tüte und streckte erschöpft die Beine aus. Ich sass steif und angeekelt auf meinem Platz und schloss die Augen. Mein Sommerkleid klebte an meiner Haut, und ich bildete mir ein, meine Unterarme seien an den Lehnen festgewachsen. Je wärmer es wurde, umso mehr nahmen meine Wahnvorstellungen zu. Ich war mir sicher, diesen Geruch erst wieder im Mittelmeer loswerden zu können, und auch nur wenn ich drei Tage lang von morgens bis abends im Wasser bleiben würde. «Kinder, greift zu. Ich habe noch Brötchen», erinnerte uns Chrissi immer dann aufmerksam wie die Zugbegleiter von Mitropa an die Tasche im schmalen Durchgang, wenn wir gerade eingeschlafen waren. Inzwischen war sie als Einfrau-Suchtrupp von ihrer Tour durch den ganzen langen Zug zurückgekehrt – mit Iannis im Schlepptau, der nicht in Villach-West stehen geblieben und auch nicht von der Jugo-Oma als Geisel genommen worden war. «Und du, mein Freundchen, versteckst dich nie wieder auf dem Klo!» Mit einem Klaps auf den Po hatte sie Iannis durch die Tür geschoben und auch ihn daran erinnert, wo das Essen versteckt war. Nach drei Stunden hatte sich mein Körper gerade auf den Sauerstoffmangel eingestellt, da begann das nächste Experiment. In Zagreb warteten weitere 200 Personen auf den Zug und drückten sich in die überfüllten Waggons wie im Berufsverkehr in die U-Bahn von Tokio. Für die vielen Füße der Reisenden gab es kaum noch einen freien Platz auf dem Gang, jeder Quadratzentimeter war belegt, und manche Männer standen tatsächlich nur auf einem Bein. Einer der Jüngeren hörte, wie wir uns auf Deutsch unterhielten, und fragte freundlich, ob wir die schwere Tasche auf dem Sitzplatz nicht woanders verstauen könnten. Er hieß Valon, arbeitete in München als Ingenieur und setzte sich zu uns. Seine Großfamilie kam aus der Nähe von Pristina im Kosovo. Als Dolmetscher klärte er uns über die chaotischen Zustände auf den Gängen auf. Dort standen die meisten Erwachsenen inzwischen auf zwei Beinen, lehnten sich müde und erschöpft an die Wand und schwitzten. Zwischen den Beinen lagen ihre Kinder auf den Koffern und Rucksäcken und schliefen tief und fest. «Morgen endet der Ramadan, das wird groß gefeiert», begründete Valon das große Interesse an der Pilgerfahrt aus dem Norden in Richtung Albanien. «Das ist wie unsere Osterfest», erklärte mir Chrissi die Bedeutung. «Vielleicht ist das aber auch nur eine Therapiesitzung zur Bekämpfung ihrer Klaustrophobie», mischte sich Chari ein. In letzter Zeit verwendete er gerne schlaue Fremdwörter, um uns daran zu erinnern, dass er bald Abitur machen würde. «Was ist das für eine seltsame Krankheit?», fragte ich neugierig. «Platzangst, siehst du doch. Die fürchten sich alle, einen Platz zu finden.» Valon lachte und erzählte uns davon, wie sehr er in München manchmal das einfache Leben vermisste; die leckeren Eintöpfe, das Krähen der Hähne und die rauchige Luft nach dem Abfackeln der geernteten Felder. Dabei sei der Alltag für viele Kosovaren immer härter geworden, da es in den Geschäften kaum noch etwas zum Einkaufen gab. «Paprika, Zucchini, Gemüsezwiebeln, Weintrauben. Das meiste Obst und Gemüse baut meine Familie selbst an», schwärmte Valon von der besonderen Qualität der Produkte, wenn es denn mal welche gab. «Wir haben ja immer Lamm zu Ostern. Und bei dir, was legst du auf Grill?», wollte Chrissi wissen.

«Fast jeder hat einen Hühnerstall im Garten, wir dürfen ja kein Schweinefleisch essen. Die orthodoxen Nachbarn haben aber auch kleine Ferkel. Sie schlachten meistens selber, auch wieder ein großes Fest. Da drücken wir dann mal ein Auge zu und essen mit.» Wir hatten inzwischen die tristen Hochhaussiedlungen von Belgrad hinter uns gelassen und fuhren durch eine Tiefebene mit vielen Feldern. Auf den Straßen waren

Pferdefuhrwerke unterwegs, es sah alles sehr idyllisch aus. Bei allen Diskussionen über Wohlstand und Glück frage ich mich heute noch manchmal, wer eigentlich ärmer dran ist. Die armen Schweine, die gehetzt auf dem Wochenmarkt die überteuerten Bio-Produkte kaufen müssen, die ihnen als Push-Mitteilung über das Smartphone auf dem Weg zum Kinder-Yoga empfohlen wurden. Oder die armen Landeier, die auf der Terrasse im Schaukelstuhl Schutz vor der Mittagssonne suchen und dabei den eigenen Hühnern beim Picken zusehen. Vieles von Valons Erzählungen aus seiner Kindheit erinnerte mich an den Abenteuerspielplatz in Griechenland, der bei meinen Tanten und Onkel auf mich wartete. Bis zur fröhlichen Landpartie mussten wir uns aber noch einige Stunden quälen. Dabei versuchte ich jeden Gedanken an einen Besuch der Zugtoilette zu verdrängen. So sehr Iannis auch davon schwärmte, beim Abziehen der Spülung minutenlang durch das Loch in der Kloschüssel direkt auf die vorbeirauschenden Bahnschwellen geschaut zu haben, als er verschwunden gewesen war, so sehr widerte mich der Anblick der vollgepinkelten Klobrillen einfach nur an. Das graue Klopapier war immer alle oder lag aufgeweicht auf dem Boden verstreut. Mit ein wenig Glück war noch etwas von der grünen Seife zum Raspeln im Drehspender übrig, sodass man das Klo nicht wesentlich schmutziger verließ, als man es betreten hatte. Hätte es damals schon den Kurzmitteilungsdienst Twitter gegeben, ein Shitstorm hätte den Account der Bahn mit zahlreichen Beschwerden unter dem Hashtag «Scheißzug» nach dieser Horrorfahrt endgültig lahmgelegt. Mittlerweile hatten wir schon fünf Stunden Verspätung! Trotzdem stoppte der Lokführer den Zug mitten auf der Strecke für eine Pinkelpause, weil die ersten Mitreisenden sich bei voller Fahrt aus den offenen Fenstern entleert hatten. Kein schöner Anblick – und ich musste noch immer aufs Klo! «Machst du Tsitsa hier!», forderte mich Mama auf Griechisch zum Pipimachen auf. Wir nutzten den im Fahrplan nicht vorgesehenen Halt und versteckten uns hinter einem vertrockneten Busch. Gerade als wir erleichtert in die Hocke gingen, sprang Chrissi vor Schreck wieder hoch. Beinahe wäre sie auf eine Blindschleiche getreten. Vorsichtig suchte sie den Boden mit Blicken und tastenden Füßen nach weiterem Ungeziefer ab, während ich entsetzt die lange Schlange anstarrte, die noch immer aus dem Zug ausstieg. Entweder bekam ich auf der Trockentoilette mitten in der Natur nackte Hinterteile zu sehen oder die andere Seite. Die Jungen urinierten lässig aus dem Hohlkreuz auf den staubigen Boden wie «Manneken Pis», ihre Hosen in den Kniekehlen und mit einem Riesenspaß, bis der Lokführer mit einem lauten Hupen das Signal zum Weiterfahren gab. Die Erwachsenen wischten ihre Hände an den Hosenbeinen ab und hievten die Kinder wieder zurück in den Zug. Mama war die ganze Szene am Hang sehr unangenehm. Sie lehnte sich ans Fenster, schlief sofort ein und wachte erst kurz vor Mazedonien wieder auf. Valon hatte die Tür des Abteils geöffnet und verabschiedete sich mit seiner Ledertasche unterm Arm. «Schöne Feiertage!», wünschte Chrissi und schloss die Tür hinter ihm, damit der reißende Strom von Pendlern uns nicht auch noch aus dem Zug spülte. Sie beobachtete das hektische Umsteigen der Familien in aller Ruhe. Es sah aus, als würde sich ein Heuschreckenschwarm auf dem Bahnsteig niederlassen. Unser Zug fuhr weiter, und wir hatten in der Stille auf einmal das Gefühl, in einem Großraumabteil der ersten Klasse zu sitzen. Nur die leeren Tüten und Krümel auf den Gängen erinnerten noch an die letzten Stunden. Als der griechische Zollbeamte seinen Kopf in unser Abteil steckte und Chrissi in ihrer Muttersprache nach den Reisepässen fragte, lösten sich die Strapazen langsam in Wohlgefallen auf, und die erste Erholung setzte ein. Zwei Stunden später wartete auch schon mein Cousin Niko am Bahnhof von Thessaloniki auf uns. Gelangweilt wie ein Taxifahrer hielt er zwar mit der einen Hand den Autoschlüssel fest, mit der anderen aber wickelte er sein Holzspielzeug, das Komboloi, immer wieder um den Zeigefinger. Vor, zurück, vor, zurück. Keine Frage, jetzt waren wir wirklich in Griechenland! Die Kette ist noch immer das beliebteste Accessoire der griechischen Männerwelt und hat schon vielen Landsleuten das Warten erleichtert. Bei unserer Verspätung hatte er die lässige Bewegung aus dem Handgelenk sicher schon Hunderte Male wiederholt. Als er uns endlich auf dem Bahnsteig entdeckte, war die Freude groß. Niko nahm uns – für uns alle überraschend – in den Arm, und das ohne Atemmaske. Unsere Ausdünstungen waren selbst für engste Familienangehörige eigentlich eine Zumutung. An seiner Stelle hätte ich mich mit meinem Dreckpanzer aus dem Zug direkt zu den Schildkröten in den Zoo geschickt, statt mich auf den Rücksitz seines Wagens zu laden und nach Hause zu fahren. Aber mein Cousin war eben anders. Mit Ende dreißig lebte er immer noch bei seiner Mutter Stavroula. Onkel Vassili hatte in der Zwischenzeit das Zeitliche gesegnet. Vor zwei Jahren war er beim Spazierengehen zusammengeklappt, und das war's. Keine Schmerzen, keine Qualen. Zack, bum, aus. Niko genoss das Leben als Junggeselle bei meiner Tante. Eine Freundin hatte er nie mit nach Hause gebracht und Stavroula vorgestellt, das widersprach der griechisch-orthodoxen Hausordnung. Mein Cousin unterlief diese stillschweigende Übereinkunft pragmatisch: Mit seinen Affären besuchte er entweder das Kino, den Strand oder ... den Parkplatz. Um viel mehr musste er sich nicht kümmern, Stavroula erledigte das für ihn. Sie wusch und bügelte selbstverständlich seine Wäsche und brachte abends immer eine warme Mahlzeit auf den Tisch. Das Einzige, was Niko selber sauber machte, war sein Opel Kapitän. Er hatte ihn von Onkel Vassili geerbt und pflegte ihn deshalb besonders gut, zum Beispiel indem er mehrmals die Woche alle Chromteile polierte. Der schwarze Autolack glänzte in der Sonne – und ganz im Gegensatz zu den anderen Autos auf den Straßen von Thessaloniki.

Niko öffnete den Kofferraum, hievte all unsere Taschen hinein und versuchte im Anschluss, mit einer Kordel zwischen der Heckklappe und der Stoßstange wenigstens den Anschein einer geschlossenen Klappe zu erwecken und unser Übergepäck so zusammenzuhalten. Wir quetschten uns, genau wie das Gepäck, zu viert hinten rein. Iannis saß links außen, Mama neben mir in der Mitte. Chari hatte den anderen Fensterplatz. Papa durfte vorne sitzen, weil er der Größte von uns war. Nikos Fahrstil war sorglos. Mit 80 Stundenkilometern fuhr er durch die Straßen und dabei so dicht auf seinen Vordermann auf, bis er kurz vor dem Aufprall das Steuer nach links riss und ihn kurzerhand überholte. Die nur halb verschlossene Kofferraumklappe schepperte im Wind. Uns auf der Rückbank ging es da sehr viel besser – es war so eng, dass wir in den Kurven nicht groß umherfliegen konnten, ganz anders als das Gepäck. Aus der Perspektive eines Polizeihelikopters bewegten wir uns wie eine Libelle. Erst beschleunigte Niko extrem schnell, um dann abrupt zu bremsen oder plötzlich die Richtung zu ändern. Diesen wilden Fahrstil kannte ich sonst nur vom Hamburger Dom. Aus dem Autoscooter. Selbst meine sonst so coolen Brüder saßen blass und ängstlich neben mir. Verkrampft hielten sie sich an den Plastikgriffen im Auto fest wie alte Omas. Nach zehn Minuten ohne Unfall waren wir da, die Wohnung lag in einer ruhigen Seitenstraße mitten in der Stadt. Niko rangierte das Auto in eine viel zu kleine Parklücke vor der Eingangstür des Mehrfamilienhauses. Stavroula winkte bereits hektisch vom Balkon und beugte sich wild gestikulierend über das Geländer, als ob ein Feuer sie bedrohte. Das begleitende Geschrei war dementsprechend dramatisch und laut. Tatsächlich entschieden die nächsten Minuten über Leben und Tod. «Kinder, ich dachte schon, ihr kommt gar nicht mehr. Schnell hochkommen, bevor alles auf dem Herd verbrennt!» Diesen Satz bekamen wir zur Begrüßung immer von ihr zu hören, egal ob wir mit dem Zug oder mit dem Auto anreisten. Es war ihre Variante von: «Mensch, seid ihr aber groß geworden! Und so mager! Kriegt ihr nicht genug zu essen bei den Kartoffeln da oben? Wie auch immer: Es ist schön, euch hierzuhaben. Herzlich willkommen!»

Dieser Moment, in dem die griechische Familie vor Freude außer sich geriet, war hier, im Bus nach Harburg, aber noch weit entfernt: 2200 Kilometer und zwei volle Tage, um genau zu sein. Nur der Fahrstil des Busfahrers ließ mich schon ein bisschen an Nikos denken und die Enge an das, was mich auf unserer Rückbank erwarten würde, wenn die Reise begann. Ich war trotzdem froh, dass wir uns in diesen Sommer mit dem Auto auf die Abenteuerfahrt nach Griechenland machten. Wie bei jeder anderen deutschen Familie auch ging es kurz vor zwei – ja, mitten in der Nacht – los, um so auf dem Weg größere Staus zu umfahren. Wir nahmen die Autobahnauffahrt Heimfeld, fuhren dann die A7 weiter Richtung Süden, genau wie viele andere Fernfahrer, Touristen und Gastarbeiter. Unser Ford Taunus war bis unters Dach vollgepackt. Chrissi bereitete in der Küche doppelt so viel Essen vor wie bei der Anreise mit dem Zug. Zuletzt hatte sie vier Stunden vor Abfahrt noch zwei Bleche Pita aus dem Backofen gezaubert, etwas abkühlen lassen und schließlich lauwarm in den Taunus geschoben.

«Mama, wer soll denn das alles essen?», fragte ich schlaftrunken nach dieser viel zu kurzen Nacht. «Keine Sorge, nix umsteigen, nix schleppen, nur essen.» Auf dem Dachgepäckträger hatte Papa drei Koffer festgebunden, die wie Krautrouladen in Folie gewickelt waren. Im Kofferraum stapelten sich weitere Taschen bis unters Dach. Besonders wichtig waren die Geschenke für die Familie in Griechenland: Strumpfhosen für die Tanten, Unterhemden für die Onkel und zur Krönung ein Päckchen Kaffee von Jacobs. Und ausreichend Verpflegung. Nach acht Stunden ohne Pause und ohne längeren Stau erreichten wir München und steuerten den ersten Rastplatz zum Frühstück an. Christos war, im Gegensatz zu vielen anderen Gastarbeitern, die uns in den vergangenen Stunden laut hupend überholt hatten, ein einigermaßen vernünftiger Fahrer, der sich um das Wohl seiner Familie und des Autos sorgte – genau so, wie er es vor einem halben Leben in Griechenland gelernt hatte. Oder wie Chrissi zu sagen pflegte: «Lieber um neun zu Haus als um acht im Krankenhaus.» Nach dem ersten Stopp hielten wir alle vier Stunden an, damit Papa in einer Viertelstunde den versäumten Schlaf nachholen konnte. Er klappte den Fahrersitz weit zurück, schloss die Augen und begann zu schnarchen, während wir uns die Beine vertraten. Die Transitstrecke zwischen Österreich und Griechenland hatte viele Namen. Straße der Völkerwanderung oder Gastarbeiterroute. Durchgesetzt hat sich das serbische Wort für Autobahn: Autoput. Knapp 1200 Kilometer lang ist die Strecke von Villach nach Thessaloniki. Das reichte für jede Menge endlose Staus und tödliche Unfälle, an die ausgebrannte Autowracks im Straßengraben erinnerten. Wie gut, dass Papa so diszipliniert fuhr und schlief. Zu den besten Momenten der Fahrt gehörten für mich die Witze von Thomas Gottschalk, der damals noch Radiomoderator war und uns einige Stunden begleitete.

«Erst wenn man sie wieder gehört hat, weiß man, warum man sie nicht vermisst hat», hatte eine sympathische Stimme seine Show angekündigt. Während sich Chrissi darüber amüsierte, wie er jeden Musikwunsch kommentierte, freute sich Chari über die Auswahl der Titel. «Das hier bringt alle, die auf dem Weg in den Urlaub mit den Nerven schon wieder runter sind, auf die Beine.» Dann liefen die Scorpions – Clubheimmusik. Obwohl der Bayern-3-Verkehrsservice vor langen Staus am Grenzübergang nach Österreich warnte, fuhren wir mitten rein, und nachdem sich eine halbe Stunde lang kaum etwas bewegt hatte, verließ Christos zwischendurch das Steuer und überblickte vom Mittelstreifen aus die Blechlawine wie ein Jäger auf seinem Hochsitz das Wild. Die Gastarbeiter waren unterwegs wie überpünktliche Zugvögel, um sich für ein paar Wochen in ihrem Brutgebiet einzunisten und aufpäppeln zu lassen. Im Stau nutzten sie die Zwangspause nun für eine Zigarette im Freien oder Kniebeugen auf dem Standstreifen. Vor uns stand ein Mercedes vom Typ W123 (Autoquartettwissen, mit dieser Karte habe ich Iannis richtig oft den letzten Nerv geraubt) aus Frankfurt, nach deutscher Straßenverkehrsordnung zugelassen für fünf Personen. Ich staunte nicht schlecht, als insgesamt neun Personen aus dem Auto kletterten. «Fährst du Fähre oder Autoput?», fragte der Fahrer Papa, während seine Kinder am Mittelstreifen Verstecken spielten. «Nix Italien, zu teuer mit Boot», antwortete Christos. Gleichzeitig beklagte er sich über die lange Fahrtzeit mit dem Auto, während deren ihm irgendwann immer das rechte Bein einschlief. «Habe ich Trick, mein Freund.» Der Fahrer bedeutete Papa mit einem Handzeichen mitzukommen, nachdem er sich als Hakan vorgestellt hatte. Er beugte sich unter sein Lenkrad und holte einen schweren Ziegelstein hervor. Diesen legte er während der langen Fahrt einfach auf das Gaspedal, um so seine Beine zu entlasten. «So du kommst bis Bosporus ohne Pause», freute sich Hakan über seine Erfindung, die in seinem Mercedes einen Tempomat ersetzte. Ich fragte mich, ob seine Kinder nicht auch mal auf die Toilette mussten. Dann sah ich, dass sie das Problem bereits auf dem Mittelstreifen lösten. Ich verstand das, denn die öffentlichen Toiletten auf dem Autoput waren wirklich eine Zumutung und vor allem in Jugoslawien, das wir ein paar Stunden nach dem Stau endlich durchfuhren, noch viel schlimmer als im Zug. Überall lauerten Tretminen. Insgesamt war es viel dreckiger als auf der Fahrt durch Österreich, und die Strecke dauerte auch doppelt so lang. Die Schlaglöcher waren teilweise so groß, dass sie komplette Autos verschluckten. Christos war angespannt und hielt sich am Lenkrad fest wie die Alkoholiker bei uns im Kiosk am Flaschenhals. Papa wollte auf der Strecke am liebsten gar nicht halten, weil Hakan ihn bei der gemeinsamen Mittelstreifengymnastik, die sich an die Tempomatvorführung anschloss, vor zahlreichen Gefahren gewarnt hatte, vor denen der Zug sonst eine sichere Zuflucht bot. Wir sollten unser Geld gut verstecken und uns vor korrupten Polizisten in Acht nehmen. Keine hundert Kilometer hinter der Grenze wurden wir tatsächlich zum ersten Mal von zwei Beamten rausgewunken, weil wir beim Überholen keinen Blinker gesetzt hatten. Das war zumindest Christos' Erklärung, der kein Wort Kroatisch verstand. Drei Worte konnten die Beamten aber doch auf Deutsch formulieren. «80 Mark Strafe!» Als Papa sich weigerte, das Geld zu zahlen, kamen aus dem Gebüsch weitere fünf Polizisten hervorgekrochen, die alle nicht wie Grundgesetzbefürworter wirkten. «Wir sind geschmissen!», sagte Chrissi panisch. Im Spiel Griechenland gegen Jugoslawien stand es fünf zu sieben, wir hatten verloren, mussten aussteigen und das mühsam gepackte Auto komplett ausräumen. Jede Baumwollunterhose drehten sie um, und am liebsten hätten sie auch noch die eingeschweißten Strumpfhosen und Kaffeepäckchen geöffnet. Bei ihrer brutalen Durchsuchung verlor mein geliebter Teddy sogar ein Auge. Das brachte für Chrissi das Fass zum Überlaufen. «Finger weg vom Teddy! Ilithie, Schwachkopf.» Sie fluchte so laut und gefährlich, dass Papa spontan das in der Zwischenzeit nur minimal angestiegene Bußgeld akzeptierte, um eine weitere Eskalation und die Übernachtung in einem Gefängnis zu verhindern. Was soll ich sagen: Sie war in diesem Moment, auch ohne Berkemann-Sandale in der Hand, nicht weniger furchterregend als sieben jugoslawische, nun, Gesetzeshüter. Christos lernte seine Lektion schnell, zahlte bei der nächsten Kontrolle ohne Diskussion – und durfte sofort und ohne weitere Probleme passieren. So kostete uns der Spaß bis zur Grenze 150 D-Mark extra. Nachmittags legte Papa auf einem vermeintlich sicheren Parkplatz mit vielen Lastwagen und Kleinbussen noch eine freiwillige Pause ein und machte sein nächstes Nickerchen. Ich konnte dagegen vor Angst kein Auge zutun und beobachtete aufmerksam jeden, der sich unserem Auto näherte. Die dubiosen Gestalten mit Zigarette und Sonnenbrille waren mir unheimlich, und ich hielt sie pauschal für Schmuggler oder Diebe, weil sie ständig etwas in der Hand hielten und tauschten. Zigarettenschachteln, Autoreifen und sogar eine komplette Stoßstange. Bezahlt wurde immer in bar mit ein paar Scheinen aus den dicken Geldstapeln, die hinten im Hosenbund steckten.

Die letzte Etappe bis Skopje war ziemlich kurvenreich, häufig mit Gegenverkehr. Chari saß inzwischen auf dem Beifahrersitz und drehte so lange am Autoradio herum, bis er ein bekanntes Lied erwischte. Die bunte Mischung aus Balkan-Folklore und internationaler Discomusik wurde von der Band Opus aus Österreich noch übertroffen, die uns in grauenvollem Englisch zum Mitsingen aufforderte. «Na na nana na (all together now) Live, na na nana. Live is Life.» Christos verzog derweil keine Miene und konzentrierte sich auf die Strecke, selbst als Chrissi uns von der Rücksitzbank lauthals beim Refrain unterstützte. «Labadabdabdab Life … na na nana na.» Nach dem launigen Intermezzo sackte die Stimmung wieder für mehrere Stunden ab, und wir dösten in der Nacht vor uns hin. Immer wieder blendeten LKW-Fahrer auf und hupten bei ihren riskanten Überholmanövern wild, sodass das vielfache Echo aus den mazedonischen Bergen zurückklang. Als die Sonne aufging, erreichten wir endlich die Grenze zu Griechenland und wurden wieder durchsucht, diesmal immerhin gratis. Die Zollbeamten vermittelten uns ein Gefühl der Freiheit, und wir vertrauten unseren Landsleuten. An der ersten Raststätte in Igoumenitsa machten wir vor Freude einen Wettlauf, auch wenn uns dort nur ein einfaches Plumpsklo erwarten würde. Wenigstens konnten wir dort mit kaltem Wasser den ganzen Autoput-Mief abwaschen. Meine Eltern gönnten sich mit einem Leuchten in den Augen einen griechischen Mokka an der Tankstelle. Endlich konnten sie wieder wie ganz normale Menschen reden und uns eine Pita beim Bäcker bestellen. In Deutschland fühlten sie sich auch nach 25 dort verbrachten Jahren manchmal noch so unsicher in der Sprache wie ein Schüler, der zum ersten Mal auf Klassenfahrt in Paris ein Baguette bestellt. Den nächsten Kaffee gab es dann sechs Stunden später im Dorf meiner Mutter. In Trikala erwarteten Tante Irini und Onkel Giorgos uns sehnsüchtig. Sie waren schon eine

Woche vor uns aus Hannover losgefahren und hatten seitdem viel gegessen und gelacht und dabei die Strapazen ihrer Fahrt längst vergessen. «Ihr glaubt nicht, was uns passiert ist.» Tante Irini klatschte sich vor Lachen auf die Oberschenkel und erzählte von der heißen Fahrt in ihrem nagelneuen Opel Kadett. Papa erkundigte sich besorgt nach dem Wagen von Giorgos. «Probleme?»

«Panagia, bei der Mutter Gottes, so sehr habe wir noch nie geschwitzt.» Irini und Giorgos guckten sich an. «Weil …» Sie konnten vor Lachen nicht weiterreden. «Weil?» – «Weil die ganze Fahrt über die Heizung an war. Höchste Stufe. Neues Auto eben, verstehst du? Da will man doch alle Knöpfe mal ausprobieren.» Im Dorf wollte er seinen alten Freunden stolz seinen Neuwagen präsentieren, brachte die lange Strecke hinter sich, hielt kurz hinter der Grenze sogar noch mal an, um den Wagen frisch zu waschen (und ehrlich gesagt nicht nur den Wagen, sondern auch Irini und sich), und parkte dann demonstrativ auf dem Marktplatz, neben den anderen Angebern. Mein Cousin Costa stieg zur Probefahrt ein und wunderte sich, warum der Onkel mitten im Hochsommer sein Auto heizte. Giorgos hatte den Aus-Knopf schlicht übersehen. Das Missgeschick machte sofort im Dorf die Runde, und bis zum Ende des Urlaubs musste er sich die Frage gefallen lassen, ob es ihm nicht zu kalt sei. Wir würden die nächsten drei Tage bei Tantchen und Onkelchen unterkommen. Giorgos hatte im Dorf ordentlich auf die Kacke gehauen und sich einen kleinen Palast gebaut. Das Haus war doppelt so groß wie jenes in Hannover, obwohl er es nur für sechs Wochen im Jahr bewohnte. Als Rentner wollte er sein Eigenheim mit den vielen Säulen und Springbrunnen dann das ganze Jahr beziehen. Wir waren dagegen die einzigen Exil-Griechen, die keine Immobilie in der Heimat besaßen. Weder am Meer noch im Dorf der Familie. Hat sich nie ergeben. Mein Onkel hatte ja genug Platz, auch für die vielen Schulfreundinnen meiner Mutter, die am Ende des Tages ganz selbstverständlich auf die Veranda kamen und keine Einladung, aber sehr viele Fragen hatten. Beim Abendessen saßen mittlerweile 25 Personen am Tisch, dazu zählten auch mir bis dahin völlig unbekannte Gesichter der Familie, die sich als Cousins oder Cousinen vorstellten. Tante Irini bekam uns mit ihren hausgemachten Spezialitäten natürlich alle satt und servierte zuerst Spinatpita und ein Blech voll Gigandes, also große weiße Bohnen in Tomatensoße. In den Menüpausen gab es immer wieder neue Tabletts mit Frikadellen. Als zweiten Gang legte sie Zucchinipuffer, gefüllte Paprikaschoten und Huhn aus dem Ofen mit Kartoffeln nach. Danach bekam sie eine Panikattacke und holte alles aus der Tiefkühltruhe, was sie den hungernden Gästen noch schnell frittieren konnte: Calamari, Sardellen und Teigröllchen mit Schafskäse. Onkel Giorgos schickte sie unterdessen heimlich mit einem wichtigen Auftrag auf den Marktplatz: Er sollte zur Feier des Tages noch Souvlaki-Spieße aus seiner Lieblingstaverne holen. Weil er sich für die kleinen entschied, nahm er fünfzig Stück mit. Wir aßen wegen der Hitze im Dorf normalerweise erst gegen 22 Uhr, am Tag der unendlich langen Anreise aber durften wir schon eine Stunde früher beginnen. Gegen Mitternacht rollten wir uns dann auf unsere Zimmer und lagen dort wie gelähmt im Bett. Es war unmöglich, mit dem vielen Essen im Bauch und bei mindestens

25 Grad Raumtemperatur einzuschlafen, auch wenn zwei Nächte auf Autositzen hinter uns lagen. Ich dachte an die kommenden drei Tage. Aufstehen, frühstücken und sich kurz danach schon wieder Gedanken machen, was wir zum Mittag essen könnten. Dabei tauschten die Erwachsenen Geschichten von früher aus, die selbst wir schon gefühlt 50-mal gehört hatten. «Wisst ihr noch, wie wir das erste Mal im Theater waren?», fragte Chrissi dann in die Runde. – «Kein Geld für Karten, deshalb bist du mit Maria einfach heimlich unter der Zeltplane durchgekrabbelt.»

«Genau. Erinnerst du dich dann auch noch an euren Applaus?»

«Nee, wieso?»

«Die haben euch doch vor allen Leuten an den Ohren rausgezogen, weil ihr euch direkt auf die Plätze des Bürgermeisters gesetzt habt.»

Die Erwachsenen hörten gar nicht mehr auf, ihre Geschichten zu erzählen, von der Tomatenernte beispielsweise oder vom Wäschewaschen am Fluss. Wir Kinder hatten nach dem Mittagessen unseren Mittagsschlaf zum Verdauen verdient und zogen uns zurück. Nachmittags besuchten wir alte Freundinnen von Mama. Dabei gab es im besten Fall Kuchen, im schlimmsten Fall aber Glyko Koutaliou. Das sind in Sirup eingelegte Früchte. Danach hatte ich meinen Zuckerbedarf für das ganze Jahr gedeckt. Anschließend gingen wir zurück zu Tante Irini und Onkelchen und bereiteten uns auf das Abendessen vor. Nach drei Tagen hatte ich bereits drei Kilo mehr auf den Rippen. Das lag vielleicht aber auch an dem Kitt aus Milchbrötchen und Croissants aus dem Proviant, die den Darm noch immer dicht hielten. Nach dem großen Fressen ging es endlich zum Entschlacken ans Meer. Meine Eltern hatten sich die Olympische Riviera ausgesucht. Von Mamas Dorf war es dorthin nicht weit. Leptokaria liegt im Feriengebiet von Katerini, direkt am Fuße des Olymps, und hat einen langen und breiten Strand aus Sand und Kies. Auf uns wartete ein Bungalow, der ungefähr 20 Quadratmeter groß und mit zwei Hochbetten und einer Pritsche ausgestattet war. Außerdem gab es einen Kühlschrank, eine Waschzeile und eine Kochplatte. Das war's. Die Dusche und die Toiletten mussten wir uns mit den anderen Campern teilen. Für zwei Wochen wären wir hier daheim. Mama und Papa tat die Kioskpause gut, sie waren total erschöpft und bewegten sich jetzt nur, wenn es absolut notwendig war. Sie genossen die gemeinsame Zeit zu zweit am Strand, legten ihre Köpfe auf die Schultern des anderen und schauten auf das weite Meer. Auch mit uns Kindern waren sie nicht so streng wie sonst. In Deutschland hatten sie sich als selbständige Geschäftsleute gut eingelebt, trotzdem hinterließ so ein 15-Stunden-Tag seine Spuren. Für Freundschaften mit anderen griechischen Familien in unserem Viertel fehlte die Zeit. Ebenso für Kino, Theater oder einen Besuch im Restaurant. Das war alles, häufig auch finanziell, nicht drin. Abends waren sie froh, wenn wir ihnen versicherten, dass wir einigermaßen gut durch die Schule gekommen waren. Wenig später schliefen die beiden auch schon ein. Im Urlaub hatten wir zwar auch einen eingespielten Tagesablauf, darin kamen Arbeit oder Hausaufgaben aber nicht vor. Mit dem Sonnenaufgang begann der perfekte Tag, der einer Rama-Werbung hätte entstammen können, den wir als Familie zusammen bis zum Sonnenuntergang genossen. Zum Frühstück holten Chari oder Papa abwechselnd frisches Brot oder Pita vom Bäcker. Nach dem Abwasch fragte uns Chrissi, ob wir uns eingeschmiert hatten, und danach gingen wir an den Strand und legten uns in die Sonne. Nach wenigen Tagen hatten wir bereits einen Teint wie die Strandverkäufer, die uns mit ihren Kokosnüssen und Melonen aus dem Schlaf rissen. Aber dieses Jahr mischte sich noch ein anderer Geruch bei: In unserer unmittelbaren Umgebung roch es furchtbar ranzig. Wir schnupperten so lange an unseren Handtüchern, bis wir schließlich Chrissi überführt hatten. «Ich? Nix!», leugnete sie ihren unangenehmen Geruch, weil sie sich keiner Schuld bewusst war. Wir untersuchten ihre Badetasche und vermuteten dort eine abgelaufene Sonnencreme. Stattdessen holte Chari eine Plastikflasche für Möbelpflege heraus. Chrissi hatte sich von der roten Sonne auf dem Etikett blenden lassen und den Rest überlesen. Sie hatte sich tatsächlich mit Möbelpolitur eingeschmiert: Babera Anti-Kratzer für helle Möbel. Na, wenigstens davor wäre sie perfekt geschützt. Mama machte sich fast in die Hose vor Lachen, als Chari ihr die Flasche unter die Nase hielt, ging nach Hause, duschte sich ab – und dann stand sie wie jeden Mittag am Herd und machte uns Bratkartoffeln mit Würstchen. «Komm schon, aufessen!», befahl sie meinem kleinen Bruder, der in Badehose auf einem Klappstuhl saß und lustlos in seinem Essen herumstocherte.

«Warum gehen wir nicht auch mal essen wie die anderen Familien?», fragte Iannis.

«Zu viel Geld für fünf Personen», klärte Mama ihn auf und verwies auf das schmale Budget, das die Urlaubskasse dafür zuließ. Die Restaurants waren mittags und abends rappelvoll, und auf den Tischen standen Berge von Essen. Die Kinder hatten entweder Souvlakia, Bifteki oder Hähnchenschenkel in der Hand. Mir schmeckte es zu Hause, also in unserer Pappschachtel, gut. Ich brauchte nicht mehr als meinen Badeanzug und einen langen Mittagsschlaf. Ich liebe diese Siesta nach dem Mittagessen auch heute noch und ärgere mich nach jedem Urlaub, wenn die Kollegen mich an meinen Einsatz in der Tagesschau um 14 Uhr erinnern und damit meinen entspannten Schlafrhythmus stören. In solchen Situationen wünsche ich mir, ich wäre ein Müllsack im griechischen Generalstreik und könnte einfach liegen bleiben. Chari war dagegen genervt vom Campingplatz und hatte für die letzten Tage ein günstiges Hotel aufgetan. Ich packte meinen Badeanzug ein und zog mit der ganzen Familie für die letzten paar Tage um.

Der Hotelbesitzer Giannopoulos sprach mich überraschend und ohne falsche Vorrede auf dem Weg zum Strand an. «Lebst du gerne in Deutschland?» Er hatte am Vormittag kurz mit meinen Eltern an der Rezeption geplauscht, als wir Kinder unser Gepäck auf die Zimmer brachten. Für vier Tage waren wir im Hotel Triandafilo, griechisch für «Rose», untergebracht. Der Name war furchtbar kitschig, passte aber sehr gut zu diesem schleimigen Mann. «Sie sollten mal unser Haus in Harburg sehen, dort ist es sehr schön. Und groß!», schwindelte ich über unseren Wohnort. Dass das Hochhaus nicht von uns alleine bewohnt wurde, ging ihn gar nichts an. Und groß war es schon. «Hast du auch einen deutschen Freund?», wollte er als Nächstes wissen. «Klar, viele. Patrice, Boris, Johnny, Onkel Günther.» – «Ich meine einen richtigen Freund.» Der Mann verlor keine Zeit. Ich wurde rot und lief zum Strand. Das war die falsche Antwort für Herrn Giannopoulos. Als wir abends vom Strand zurückkamen, erwartete er uns schon wieder an der Rezeption und fragte meine Familie, ob wir morgen nicht mit ihm essen wollten. Wir könnten dann auch Stavros kennenlernen, seinen Sohn. Der übrigens würde eines Tages das Hotel erben. Der Mann verlor schon wieder keine Zeit. «Eine gute Partie», sagte er zu Christos, zwinkerte und legte seine Hand vertraulich auf Papas Schulter. «Also dann, ich hole euch morgen um 21 Uhr ab! Dann besprechen wir alles Weitere.» Mir blieb die Luft weg. Papa guckte mich verdutzt an und sagte nur: «Endaxi – geht in Ordnung!» Wo war ich hier nur reingeraten. Der Typ wollte mich ernsthaft mit seinem Sohn verkuppeln. Ich war minderjährig und naiv – und bisher davon ausgegangen, dass es solche seltsamen Eheversprechen nur bei den Türken gibt. Wir hatten das Thema vor den Ferien gerade im Sozialkundeunterricht diskutiert, nachdem eine Schülerin aus der Nachbarklasse nicht mehr im Unterricht erschienen war, weil ihr Vater sie nach Anatolien geschickt hatte. Ich erinnerte auf dem Weg zur Dusche an den Fall und beschwerte mich bei Mama über die miese Tour. Sie konnte meine Sorgen verstehen. Doch mein Antrag auf Absage des Treffens wurde beim Abendessen von meinen beiden Brüdern abgelehnt. Ich war überstimmt. Was für fiese Ratten, dachte ich mir. Kaum hatte Herr Giannopoulos die Köder ausgelegt, schon hatten meine Geschwister angebissen. Bis zum Einschlafen schwärmten sie sich gegenseitig vor, wie sie fortan während jeder Schulferien ins Triandafilo kommen und zum Abschluss der Urlaube in einer Taverne am Hafen sitzen und die komplette Speisekarte bestellen würden. Ausnahmsweise war nichts zu teuer, die Rechnung ging ja auf Familie Giannopoulos. Aber ohne mich. In der Nacht träumte ich davon, wie ich im Dunkeln über den Strand lief. Weg von meiner Familie und meinem Zukünftigen, der mich versuchte aufzuhalten und an mir zerrte und zog. Der Vollständigkeit halber sei erwähnt, dass er dabei einen abgenagten Knochen in der Hand hielt. Unausgeschlafen und schlecht gelaunt lag ich am nächsten Tag am Strand und dachte über mein Leben nach. Von Mathe, dem alten Arschloch, wollte ich noch immer nichts wissen, obwohl ich es Erwin Steiger ja eigentlich versprochen hatte. Dafür dachte ich umso intensiver an Patrice, mit dem ich ja auch noch eine Rechnung offen hatte. Leider kannte ich seine neue Anschrift nicht, sonst hätte ich ihm jetzt eine Postkarte geschrieben.

Lieber Patrice,
die Sonne scheint hier jeden Tag, und ich verbringe viel Zeit am Strand. Dabei habe ich viel über uns nachgedacht, und JA!, ich will gerne mit Dir gehen. Meine Eltern haben allerdings eine andere Entscheidung für mich getroffen und mich an einen griechischen Hotelier verkauft. Ich liebe Dich trotzdem. Deine Linda.

Noch bevor die Nachricht in Harburg hätte eintreffen können, klopfte es wie verabredet um 21 Uhr an unserer Tür. Geduscht und gestriegelt öffneten meine Brüder dem Giannopoulos-Vater-Sohn-Gespann, das gekommen war, um uns abzuholen. Ich hatte meinen Pony extra ins Gesicht gekämmt, um nicht erkannt zu werden. (So allerdings konnte man auch meine ungezupften Augenbrauen nicht sehen.) Dann linste ich aber doch neugierig durch die Strähnen – und konnte zum ersten Mal Stavros sehen. Er war zwei Jahre älter als ich und sah zu meiner Überraschung eigentlich ganz gut aus. Dunkelbraune Haare, dunkelbraune Haut, weißes Hemd und Jeans und überhaupt nicht so fett wie sein Vater. Von der Verabredung war er offensichtlich genauso wenig begeistert wie ich. Während sein Vater wie ein Opernsänger die Begrüßung anstimmte, nickten wir uns nur mit einem emotionslosen «Ja sou» zu. Mama und Papa verstanden sich ganz gut mit dem Hotelbesitzer und tauschten sich wie bei einem Geschäftsessen aus. «Wie läuft euer Laden in Deutschland?»

«Eigentlich gut, wenn wir nur nicht immer diese Steuern zahlen müssten.»

«Immer? Das glaub ich nicht. Ich zahle nur im Winter, wenn ich geschlossen habe.» Mir gegenüber hielten sie sich an diesem Abend erstaunlich zurück. Vielleicht hatten sie es sich noch einmal überlegt und wollten mich doch noch ein wenig bei sich behalten. Ich saß Stavros gegenüber und hörte ihm zu, wie er sich mit Chari über elektrische Gitarren und Stereoanlagen unterhielt. Iannis hatte entweder den Mund voll oder saugte an seinem Strohhalm die Limonade leer. Und ich schwieg, obwohl alles weniger dramatisch als befürchtet war und nach keinem Kuhhandel aussah. Bis mich Herr Giannopoulos fragte, wie es denn ausschaut. «Wie schaut was aus?», wollte ich erst antworten. Aber dann nahm ich meinen ganzen Mut zusammen und sagte ihm ehrlich, dass ich Stavros zwar nett fand, aber mir nicht vorstellen konnte, für immer nach Griechenland zu gehen, um an seiner Seite ein Hotel zu betreiben. Wirklich nicht! Stavros schien über meine Antwort erleichtert zu sein. Ich war es auch, und Papa zwinkerte mir zu. Das war seine Art, mir mitzuteilen: «Gut gemacht, Lindaki.»

Kurz darauf wurde er kreidebleich im Gesicht, und selbst die vorbeilaufenden Kellner im Restaurant machten sich Sorgen. Er hielt sich krampfhaft an der Tischdecke fest und kippte hintenüber. Erst krachte sein Stuhl auf den Boden, dann zerbrachen Tassen, Teller, Gläser und Flaschen. Papa lag bewegungslos zwischen den Essensresten. Ich wusste nicht, ob ich lachen oder heulen sollte. Irgendwas stimmte nicht mit meinem Vater. Ich rannte um den Tisch herum direkt auf ihn zu und versuchte, ihn mit ein paar Backpfeifen wieder zum Sprechen zu bekommen. Dann kam Mama, nahm die Karaffe mit Wasser und verpasste Papa damit eine kalte Gesichtsdusche. Das half. Papa kam langsam zu sich, sah sich verwundert um und fragte uns, warum er am Boden lag. Wir erzählten ihm, dass er für mindestens zehn Sekunden vollkommen weg gewesen war. Mir kam es noch viel, viel länger vor. «Kinder, Kinder, Kinder. Ich glaube, ich war heute zu lange in der Sonne», entschuldigte er sich. «Du lebst wohl schon zu lange in Deutschland», spielte Chrissi die Kreislaufschwäche herunter. Mit diesem Auftritt waren wir Herrn Giannopoulos wenigstens sofort los. Seine Hochzeitsträume waren zerplatzt. Er verabschiedete sich mit einer Runde Ouzo und reservierte uns für den nächsten Sommer zwei Zimmer in der Hochsaison, mit einer Einschränkung. «Die Reservierung gilt aber nicht für meinen Sohn.» Was für ein Schmierlappen. Als ob ich mir ein Jahr Bedenkzeit erbeten hätte und Stavros so lange auf dem Heiratsmarkt gesperrt sei. Von mir aus durfte der Hotelbesitzer schon morgen die nächste Bewerbungsrunde um seinen Sohn einläuten. Gerne mit Gudrun aus Düsseldorf, die mit ihren Eltern eingecheckt hatte. Ich legte mich noch zwei Tage in die Sonne und freute mich auf die Heimreise. Bei einem direkten Unterarmvergleich würde Jenny blass werden vor Neid. Ich hatte mittlerweile die Hautfarbe meines marokkanischen Schwarms angenommen und würde so hoffentlich auch sein Herz erobern. Nie hätte ich gedacht, dass ich nach unserer Rückkehr ganz andere Sorgen haben würde als die Länge meiner Nase oder die Farbe meiner Haut. Aber ganz plötzlich war die Zeit meiner Kindheit vorbei, obwohl es die Sommerferien noch gar nicht waren.

10. KAPITEL

DER LETZTE SCHROTT

Ausgerechnet mir muss das passieren. Wir haben 1986, und ich altes Trottelgesicht hab mich verliebt. Ich sitze hier vor deinem dummen Foto und bemerke immer wieder, wie hübsch du eigentlich bist. Und wenn ich mal hochgucke, dann sehe ich den Telefonhörer, und ich denke mir, ich nehme ihn ab und rufe dich an und sage es dir einfach. Ist doch die einfachste und normalste Sache der Welt.» Mit diesen kitschigen Zeilen hatte die Band Clowns und Helden den Soundtrack für das Ende meiner Sommerferien geliefert, und ich hörte ihren Schlager im Kiosk so lange, bis Chari den Laden türenknallend verließ. Vor anderen zuzugeben, wie sehr ich diesen Song mochte, hätte ich mich auch nicht getraut: Im Freibad, später am Tag, steckten wir unsere Mixtapes in den Ghetto Blaster und hörten Musik von Prince, Sheila E oder Cameo. Alle waren wie elektrisiert und aufgeladen von den Abenteuern der Sommerferien. Das Beziehungskarussell drehte sich immer schneller und warf einige aus der Bahn: Boris war mit Britta zusammengekommen, die sehr traurig über seinen bevorstehenden Abschied auf die Insel war und das jedem erzählte, der es garantiert nicht wissen wollte. Ebenfalls todunglücklich war Steffi Bieber, die mit Jennys großem Bruder Sven zwar immerhin geknutscht hatte, der sie aber seitdem ignorierte. Und Patrice war angeblich Hand in Hand mit Jenny gesehen worden. Entweder hatte er die Nummer mit dem Boot und dem Sternenhimmel neu aufgelegt, oder, was aus meiner Sicht viel wahrscheinlicher war, Patrice war die Sache mit den Dingen, die er ihr weggenommen haben sollte, unheimlich geworden, und er hatte sie Jenny bei einem konspirativen Treffen überreicht. Die heimliche Übergabe sah vielleicht – im diffusen Licht der Harburger Fußgängerzone und für unbeteiligte Dritte – aus wie ein zärtliches Händchenhalten, aber das war es bestimmt gar nicht. Ich half ganz besonders viel im Kiosk mit, weil Papa immer wieder Arzttermine hatte. Sein Kreislauf hatte sich von dem Zusammenbruch in Leptokaria noch immer nicht ganz erholt, vermutete ich. Es war aber auch warm in der Stadt! Damit wir Kinder uns nicht auch noch überhitzten, schenkte uns Mama auffallend viel Eis aus der Langnese-Kühlbox im Kiosk. Das Calippo behielt seine Konsistenz sogar bei, bis ich im Freibad angekommen war. Bergab ging es ja auch ziemlich schnell. Dort lagen Boris, Steffi, Jenny, Sven und der Rest der Clique schon seit dem späten Vormittag in der hintersten Ecke der Wiese, spielten Tischtennis und freuten sich über meine bunten Eistüten. In den drei Stunden, die ich nachmittags Ausgang hatte, legte ich mich auf mein blau-weiß gestreiftes Handtuch und versuchte, den Vormittag im Kiosk zu vergessen. Einschmieren musste ich mich eigentlich nicht mehr, ich war ja vom Urlaub am Mittelmeer noch tiefbraun. Ich machte es aber trotzdem, denn: Ich konnte mir tatsächlich eigenhändig den Rücken einschmieren. Was für ein Lacher. Viel lieber hätte ich mir natürlich Patrice auf meinem Handtuch gewünscht, der mir den Rücken mit Sonnenöl langsam und zärtlich massierte, aber 1) gehörte er nicht mehr zu unserer Clique, fuhr er 2) angeblich mit seiner Honda MTX zum Baden an einen geheimen Ort und tat dies 3) – vermutlich doch mit Jenny! Grrr. Immerhin lag sie an diesem Nachmittag mit uns im Schatten der Tischtennisplatte herum und hatte mich zu meiner Überraschung sogar eingeladen zu Teil zwei von «La Boum»: Am Wochenende wollte sie zu Hause in Rosengarten eine Abrissparty feiern, bevor das Haus verkauft werden würde – die Scheidung ihrer Eltern war fast durch. Die Fete ging aber ohne mich weiter.

Ein Meteorit fiel an diesem schönen Nachmittag vom heiteren Himmel direkt in das große Becken. Die Freibadsaison war für mich schlagartig beendet, und der Himmel verdunkelte sich für den Rest des Jahres. Im Kiosk hatte sich die Nachricht bereits herumgesprochen, und den Trinkern blieb das Feierabendbier in der Kehle stecken. Alle schwiegen und schauten mich mit feuchten Augen an, als ich mit nassen, zurückgekämmten Haaren angeradelt kam. Der glasige Blick der meisten Kunden am Tresen war um 17 Uhr eigentlich nicht ungewöhnlich, aber selbst Chrissi hatte rote Augen und fing an zu weinen, als sie mich sah. «Ist was passiert, Mama?», fragte ich ahnungslos. Im Gegensatz zu sonst bekam ich keine Antwort und auch keinen dummen Spruch von den Trinkern zu hören. Das machte mich noch ängstlicher, und ich schaute Chrissi hilflos an. Chrissi verließ ihren Stammplatz hinter der Kasse und nahm mich so fest in die Arme, dass ich das Gefühl hatte, meine dünnen Knochen würden dabei zerbrechen. Sie schluchzte weiter. Ich musste ihr versprechen, ganz tapfer zu sein. Dann sagte sie mir endlich, was los war: Papa hatte Krebs im Endstadium. Das Krankenhaus durfte er heute schon nicht mehr verlassen. Chari wartete mit Iannis bereits am Krankenbett auf uns. Wir würden nach Feierabend dazukommen und uns verabschieden müssen. Für immer. Sein Zusammenbruch hatte also nichts mit dem schönen Sommer zu tun. Es war einfach nur schrecklich. Es fühlte sich an, als ob mich ein tiefer, dunkler Krater verschluckte, den der Meteorit nach seinem Einschlag im Freibad hinterlassen hatte.

Nicht mal der liebe Gott konnte uns anschließend trösten. Wir mussten sonntags ja jetzt zu viert den Kiosk schmeißen und hatten überhaupt keine Zeit für einen Gottesdienst in der griechischen Kirche. Wir beteten abends zusammen und zündeten Kerzen an. Das war unsere Art der Trauer. Tagsüber verarbeiteten wir die schlimme Zeit, und zwar im wahrsten Sinn des Wortes: Durch das Einkaufen, Schleppen, Sortieren und Kassieren konnten wir es vermeiden, über Papas Tod und den schmerzhaften Verlust reden zu müssen. Ich wusste auch gar nicht, bei wem ich mich hätte ausheulen sollen. Alle anderen würde ich mit meiner traurigen Geschichte sicher nur nerven, redete ich mir ein. Sogar meine eigenen Geschwister. Papa war schließlich auch niemand gewesen, der uns vollgequatscht hatte. Dafür konnte er uns umso besser zuhören, über den Kopf streicheln und mit einem kleinen Klaps wieder zum Laufen bringen, wenn wir kurz davor waren aufzugeben. Jetzt war er weg, und wir mussten uns selber antreiben. Wir funktionierten wie asiatische Wanderarbeiter: Aufstehen, Verbeugen, vielen Dank, wir wünschen einen schönen Tag, und kommen Sie bald wieder.

Ich war seit dem Tod meines Vaters kein Kind mehr, sondern über Nacht erwachsen geworden. Morgens war ich in unserem Familienbetrieb in erster Linie verantwortlich für das Frühstück meines kleinen Bruders. Danach ging ich voll auf in meiner Funktion als geschäftsführendes Vorstandsmitglied in unserem kleinen Lebensmittelkonzern. Ich kümmerte mich im Kiosk als Chefeinkäuferin hauptsächlich um das hochspekulative Geschäft am internationalen Spirituosenmarkt. Gewissenhaft wertete ich die Sonderangebote in den Zeitungsbeilagen aus und blätterte auf der Jagd nach einem neuen Schnäppchen durch die Prospekte der METRO. Sobald ein Stonsdorfer für weniger als sechs Mark die Flasche auf dem Markt war, schlug ich eiskalt zu. Rein körperlich konnte ich in der Welt der Erwachsenen noch nicht ganz mithalten und war deshalb froh über meinen zuverlässigen Geschäftspartner Chari, der mir am Samstagvormittag dabei half, die schweren Kartons vor dem Großmarkt in unseren Kombi zu laden. Unter der Woche bildeten wir uns nebenbei fort; ich hatte meinen Nebenjob am Gymnasium, Chari ging nach dem Abitur gleich an die Universität und studierte Geschichte. Zum Wehrdienst war er wegen seines Passes nur in Griechenland verpflichtet. Deshalb war er bei unseren Reisen in die Heimat unserer Eltern ab seinem 18. Lebensjahr auch immer etwas angespannter als sonst. Ähnlich war sein Gemütszustand am Samstag, wenn der Wecker um Viertel vor fünf klingelte. Jeden

Sonnabend mussten wir mit Chrissi um 5:30 Uhr am Kiosk sein: Die Brötchen und Zeitungen wurden dann angeliefert, und wir sortierten alles nach dem immer gleichen Muster ein. Die Schlagzeilen der *BILD* kamen ganz prominent auf Augenhöhe in das Zeitungsregal, darunter die Titelseite der *MOPO*, und ganz unten lagen die *Harburger Anzeigen und Nachrichten* aus. In der Brötchenkiste hatten wir neben den Klassikern wie Sesam-, Mohn- und Körnerbrötchen auch noch ein paar Kopenhagener im Angebot, um damit die Omis in unserer Siedlung zum Kauf zu verführen. Am heimischen Herd stand Chrissi nur noch Sonntagmittag, nachdem sie sich vormittags am Bügelbrett aufgewärmt hatte mit der ganzen Wäsche, die bei einer vierköpfigen Familie eben anfällt. Weil sie in dieser Zeit nicht im Kiosk sein konnte (obwohl es nicht schwerfällt, sich Chrissi bügelnd am Verkaufstresen vorzustellen), sprangen Chari und ich ein und begrüßten unsere Pappenheimer wie jeden Sonntag. Und sie uns. «Schon so früh wieder fleißig?», fragte Herr Millimeter zackig.

«Einen wunderschönen guten Morgen. Vier Stück, wie immer?» Ich packte die Brötchen schnell in eine Papiertüte, bevor der Siedlungs-Pedant noch jedes einzelne Mohnkorn nachzählen konnte. Chari lief durch den Laden und suchte nach einem Milchmädchen. Die kondensierte, stark gezuckerte Milch aus der Tube war eigentlich für den Kaffee vorgesehen. Herr Millimeter hatte uns aber sein Geheimrezept verraten und empfahl uns Milchmädchen als Brotaufstrich. Für sein perfektes Sonntagsfrühstück fehlte nur noch die *BamS*. Neugierig blätterte er durch die Seiten bis zum Serviceteil mit dem großen Mückenreport. Er war nicht nur leidenschaftlicher Heimwerker, sondern auch Gärtner, eine Art Peter Lustig von Harburg. Nur eben nicht lustig. Konzentriert las er die einfachen Tipps gegen die Mückenplage. Im Gegensatz zu sonst legte er die angelesene und zerblätterte Zeitung nicht zurück ins Regal, sondern steckte sie in seine Einkaufstüte. Dabei nahm er geschickt den roten Faden auf und erwähnte ganz nebenbei seine nicht unbedeutenden Verdienste in den Schrebergärten dieser Welt. «Ein abgeschirmtes Kabel für meinen Rasenmäher kann ich mir heute sparen.» – «Wir sind ja auch kein Baumarkt. Einen schönen Tag noch.» Zur Erinnerung: Wir waren gar nicht unfreundlich. Nur sehr, sehr müde. Es war Sonntag vor sieben. Nicht jedoch für Herrn Millimeter, jedenfalls ging er anders damit um. «Ich weiß, ich weiß. Brauch ich ja auch zum Glück nicht. Habe erst gestern meinen kaputten Rasenmäher repariert. Selbst ist der Mann! Oder?»

«Ja.» Ich versuchte, jedes weitere Gespräch im Keim zu ersticken. Schließlich musste ich ja noch mehr als vier Brötchen verkaufen. Und endlich wach werden. Herr Millimeter fand in meinem Bruder ein neues Opfer, drehte sich zu Chari und sülzte ihn mit einer seiner Daniel-Düsentrieb-Geschichten voll.

«Ich hatte also die Idee und musste nur ganz simpel mit dem Messer den Deckel entfernen. Dann konnte ich den Draht von der Kupferspule fünf Zentimeter länger ziehen und ganz einfach unten über das Gewinde mit einer Steckverbindung direkt neben der Erdung durch ein Loch stecken. Wobei man vorher natürlich noch an die Muffe ganz am Ende denken muss. Bla, bla, bla …» Diese Liebe zum Detail war faszinierend. Wir waren nach wenigen Minuten unfassbar genervt, aber

Chrissi hatte uns beigebracht, den Kunden gegenüber auch in solchen Extremsituationen immer freundlich zu bleiben. Die Verdrängung eines angemessenen Wutausbruchs hat Spätfolgen, die mich noch heute in meinen Tagträumen einholen. An Herrn Millimeter muss ich beispielsweise immer denken, wenn ich eine Gebrauchsanweisung für ein neues Gerät durchlese und nach fünf Seiten immer noch nicht verstehe, wie das Ding läuft. Vielleicht waren wir damals auch nur zu doof für seine geniale Sicht auf die Welt. Heute würde ich seine Vorträge mit dem Handy filmen, im Internet hochladen, und dort würde die Welt schon gespannt auf den nächsten guten Rat von Herrn Millimeter warten, den schrägen YouTube-Star aus Harburg.

Immer gut für eine neue Episode war auch Brigitte Brüggemann. Sie holte sich sonntags ihr Frühstück meistens erst kurz vor unserer Mittagspause um 13 Uhr und trank es noch im Laden auf ex aus. «Da war aber auch wieder was los!», rechtfertigte sie ihren Auftritt in einem weißen Trainingsanzug aus Plastik, den sie im Supermarkt günstig gekauft hatte. Drei Streifen konnte sie sich nur noch für die Badelatschen an ihren Füßen leisten. Der Nagellack immerhin passte ganz gut zu den pinkfarbenen Adiletten. Er war neongrün. Der hellrote Lippenstift von Brigitte Brüggemann war so unverwechselbar wie ihre Lebensweisheiten, mit denen sie uns regelmäßig überschüttete: «Wenn wir ausgehen, sind wir 17, wenn wir aufwachen, 100!» Der Kräuterschnaps auf nüchternen Magen wirkte wie ein Zaubertrank von Miraculix, und für die nächste Viertelstunde hatte Brigitte Brüggemann übermenschliche Kräfte.

«War Mike gestern auf Hafturlaub, oder was gab es

zu feiern?», erkundigte sich Chari nach ihrem ältesten Sohn, an den er keine guten Erinnerungen hatte. «Nix Hafturlaub, Ferien für immer! Ich dachte, mich tritt ein Pferd, steht der Junge doch gestern ohne Vorwarnung im Wohnzimmer, als wäre nix gewesen. Ist jetzt wieder ein freier Mensch.» Wahrscheinlich dachten Chari und ich in diesem Moment ein und dasselbe: dass Mike tatsächlich ganz heimlich in ein offenes Fenster eingestiegen war, ohne bei seiner Mutter zu klingeln. Darauf hatte er sich in den letzten Jahren spezialisiert. Mike hatte im Knast eine gute Ausbildung bekommen und konnte jetzt richtig schnell und leise Häuser und Autos aufbrechen. Brigitte fand das aus mehreren Gründen ganz praktisch. Von der Hehlerware versprach sie sich in den nächsten Monaten eine gute Provision. Dafür würde sie dem Bewährungshelfer auch nur schöne Geschichten über ihren Sohn auftischen, hatte sie Chrissi zugeraunt. Gerne auch mit weitem Ausschnitt. Neben ihrer bestechenden Parfümmischung war das ihrer Meinung nach noch immer ein Argument (oder besser gesagt zwei), auch mit Anfang 50. «Dann hab ich mich beim Zigarettenholen doch glatt ausgesperrt», setzte sie den Hochhauskrimi fort. Chari riss die Augen auf und klappte die Ohren mehr oder weniger synchron zu. Ich kannte ihn! «Mike hat die neue Freiheit inzwischen in Angie's Eck gefeiert. Dort hat er die vollen Gläser stehen gelassen und ist wie ein Affe von Balkon zu Balkon geklettert.» Bei allem Mist, den ihr Sohn über die Jahre verzapft hatte, hielt sie noch immer zu ihm und schwärmte von dem erneuten Einstieg in die eigene Wohnung, als hätte Mike gerade seine Meisterprüfung bestanden. Er stellte sich in der Tat clever an und hebelte die Balkontür so geschickt aus, dass die Glasscheibe nicht zu Bruch ging. So musste Wolfgang Knaller wenigstens nur das Schloss reparieren. Für einen Hausmeister in unserem Hochhaus ein Routineeingriff, den er manchmal mehrfach am Tag erledigte. «Was ist das beliebteste Haustier der Deutschen?», stellte Brigitte zum Abschluss ihres Showauftritts noch eine Quizfrage und beantwortete sie umgehend selber. «Ein halbes Hähnchen.» Ihr Lachen ging nach wenigen Sekunden in einen Raucherhusten über. Brigitte räusperte sich und bestellte noch ein Getränk nach. Ein 0,33-Liter-Laufbier war der perfekte Begleiter bis zu ihrer nächsten Station. Gut geölt machte sie sich auf den Weg zum Grillimbiss die Straße runter und drehte sich vor dem Kiosk noch mal um. «Gruß an Muddi, mein Täubchen», verabschiedete sie sich.

Wie gerne wäre ich jetzt auch gerade erst aufgestanden und an den Frühstückstisch geschlappt. Vielleicht hätte ich nicht gerade einen Boonekamp, wie Brigitte, sondern einen frischgepressten Orangensaft, wie die meisten meiner Klassenkameraden, genommen. Aber Chrissi hatte zu dieser Zeit schon das Mittagessen fertig. Chari hängte für zwei Stunden das «Geschlossen»-Schild in die Tür, und wir fuhren, beide total gerädert, in unsere Wohnung. Der Tod von Papa war jetzt schon vier Jahre her, so lange pendelte ich schon zwischen Kiosk und Klassenzimmer. Mein Lächeln war in dieser Zeit meist aufgesetzt. Schlafmangel und schlechte Noten versauten mir die letzten Züge der Pubertät.

Ein Jahr später sah ich in meinem Bundeswehrparka mit einem schwarz-gelben Smiley auf der Brusttasche ganz glücklich aus. Boris war für ein weiteres Jahr nach England geschickt worden und bereicherte unseren Mode- und Musikgeschmack mit seiner Berichterstattung sehr. Seine Eltern hatten für das Schulgeld eigentlich Hochkultur statt Subkultur erwartet und wunderten sich, wie verzogen ihr Sohn aus dem teuren Internat zurückkam. Wir wollten ihn bei seiner Rückkehr am Bahnhof überraschen, leider vermasselte sein dämlicher Daddy den Empfang. Anstelle eines kleinen Lords stieg Boris bei seiner Ankunft am Hamburger Hauptbahnhof nämlich wie ein Bauarbeiter aus dem Nachtzug: Zigarette in der einen, Bier in der anderen Hand und kleine rote Augen. Mit Bomberjacke und Docs war er Rosengartens Albtraum. Mir gefiel er sehr, aber sein Vater schob ihn mit einem verächtlichen «Versager» ins Auto, und die Willkommensparty fiel aus.

In dieser Zeit feierten wir so viel, dass Chari Samstag früh, wenn wir wie immer zum Großeinkauf in der METRO verabredet waren, große Mühe hatte, mich wach zu bekommen. Ich quälte mich hoch, putzte die Zähne und hielt mein Gesicht unter kaltes Wasser, damit ich im Auto nicht gleich wieder einschlief. Auf dem Rückweg war die Stimmung deutlich besser, nachdem wir uns das zweite Frühstück gegönnt hatten, wahlweise eine Dose Sprühsahne mit Schoko- oder Eierlikörgeschmack. Wir mussten den vollbeladenen Wagen noch auftanken, und dabei klopfte es plötzlich laut an das Fenster der Beifahrertür. Ich schreckte auf und rieb mir die Augen. Tatsächlich, neben unserem Taunus stand Jenny in einer Trainingshose und wippte von einem auf das andere Bein. Sie winkte mit einem kleinen Holzspieß und schaute in das Auto. Ich dachte im ersten Moment, dass sie vielleicht an der Elbe joggen gewesen war, aber tatsächlich hatte sie dem letzten Abend noch gar nicht gute Nacht gesagt, sie war seit fast 24 Stunden auf. «Bock auf Wurst?», fragte sie mich und zeigte auf ihre Pappschale vom Imbiss. «Nein danke.» Seit ihrem letzten Therapieaufenthalt war Jenny völlig durchgeknallt und wie ausgetauscht. Sie stand auf Fleisch, war nicht mehr so zugeknöpft und zog sich irgendwie auch anders an. Selbst ihr Gang hatte sich verändert. Ich ging ein paar Schritte mit ihr zum Parkplatz hinter der Tankstelle, wo Sven und Boris rauchten und sich mit zwei anderen Jungs unterhielten, die ausgestreckt im Kofferraum des Mercedes Kombi lagen und ab und zu Geräusche von sich gaben. Ein Chor aus Lachen und Rülpsen, der wegen der lauten Hintergrundmusik aus dem Autoradio nicht eindeutig zu identifizieren war. Sven hatte schon ziemlich kleine Augen, die Sonne blendete ihn, aber er erkannte mich schließlich doch. «Frühclub?»

«Frühschicht, Kiosk.»

«Wir waren gerade im Front feiern.»

«Kenn ich nicht.»

«Unfassbar. Nächsten Freitag kommst du mit.»

«Alles klar!»

Sven und seine Clique waren im Techno-Fieber und hatten Hunger. Auf dem Parkplatz war eine bunte Mischung anzutreffen, die schon morgens Appetit hatte auf Krakauer, Thüringer oder Pommes. In dem Imbisswagen war die Fritteuse 24 Stunden in Betrieb und machte alle glücklich, egal ob LKW-Fahrer oder Clubgänger. Selbst die dürren Models, die mit der Clique von Sven unterwegs waren, drückten im Morgengrauen ein Auge zu und gönnten sich eine Portion Mayonnaise für 20 Pfennig extra. Boris kickte eine leere Red-

Bull-Dose quer über den Parkplatz. Vielleicht wäre ein 24-Stunden-Betrieb ein lukratives Geschäft für unseren Kiosk? Wenigstens zu ihren Fressorgien würde ich meine Freunde – oder die, die ich gerne hätte – dann mal sehen. Ich hörte einen lauten Pfiff und schreckte aus meinen Gedanken hoch. Das war eindeutig das Signal von Chari, der Kombi war vollgetankt und stand zur Abfahrt bereit. Die merkwürdige überdrehte Stimmung hatte mich angesteckt, und ich rannte nicht normal zurück, sondern schwebte rückwärts über den Asphalt wie Michael Jackson beim Moonwalk. Dazu winkte ich mit meiner Hand. Boris gefiel das. Er drehte die Fensterscheibe runter, jaulte wie ein Indianer und trommelte mit seiner flachen Hand auf die Beifahrertür. Meine spontane Tanzeinlage beeindruckte die Clique, mit der ich aus Zeitmangel im vergangenen Jahr immer weniger zu tun gehabt hatte. Sven holte mich tatsächlich in der folgenden Woche ab, und wir fuhren in den geheimnisvollen Club im Stadtteil Hammerbrook. Das «Front» war in den Kellerräumen eines alten Lagerhauses aus roten Backsteinen versteckt. Hinter der biederen Fassade spielten sich unglaubliche Szenen ab. Nachdem wir fast eine halbe Stunde in der Schlange warten mussten, standen wir irgendwann in einem düsteren Raum. Die Neonlichter blitzten, und an den Betonwänden kondensierte eine Mischung aus künstlichem Nebel und Schweiß. Auf den Holzpodesten neben der Tanzfläche bewegten sich Männer wie in Trance und zogen sich, durchaus auch gegenseitig, ihre Oberteile aus. Manche küssten sich dabei. Chrissi hätte hier den Beweis gefunden, dass es die Hölle tatsächlich gibt. Und ihre Tochter war mittendrin. (Das durfte sie eigentlich niemals erfahren!) Mit einer positiven Ausnahme. Ich begegnete tatsächlich einem Tänzer, der einen Staubsauger auf den Rücken gebunden hatte und mit weißen Handschuhen den Schlauch in der Luft wirbelte wie ein Lasso. Diesen Meister Proper hätte sie gemocht! Unterhalten konnte man sich wegen der lauten Musik nur auf dem Klo. Für mich waren die Toiletten aber das Grauen. Das Neonlicht machte selbst aus Models Zombies und ließ sie blass und abgemagert aussehen, wenn sie in den langen Schlangen vor dem Klo standen. Ich hatte keine Ahnung, was sich hinter den verschlossenen Türen abspielte. Und ich wollte es lieber auch nicht ganz genau wissen. Manche gingen gleichzeitig zu viert in die Kabinen. Männer, Frauen, Transsexuelle, Fisch und Fleisch. Illegales Pulver spielte wohl auch eine Rolle dabei. Die kleine Linda, bisher nur mit Ahoi-Brause vertraut, hat davon erst Jahre später gehört. Ich ließ mir vielleicht mal eine Cola mit einer Fanta mixen. Das war aber auch schon das härteste Aufputschmittel, das ich in dieser wilden Zeit ausprobierte. Im Nachhinein war mein abstinenter Lebensstil wahrscheinlich auch der Grund, warum mich die Clique wieder öfter zu sehen bekam. Ich war der Fahrer, der die Zugedröhnten am Ende des Abends stocknüchtern vor ihren Haustüren aufwecken und abliefern durfte. Meine Mission war es, die Singles zu transportieren. Mehr lief nicht. Kein Wunder, ich fand mich ja auch langweilig. Warum sollte sich ein Typ in mich verlieben? Ich hatte keine eigene Meinung und keinen Geschmack. Irgendwie war ich auch froh, denn einen Typen hätte ich nie im Leben mit nach Hause nehmen können. Er wäre spätestens dann schreiend davongerannt, wenn er hätte feststellen müssen, dass es nur ein Kinderzimmer gab. Und dort bereits Iannis lag. Mein Wohnort war die perfekte Verhütungsmethode für ein Mädchen. Aber Jenny wurde von wirklich jedem angemacht. So kurz nach ihrem Klinikaufenthalt stand sie wieder im Mittelpunkt. Sie verliebte sich sehr schnell, stürzte mit den Jungs ab und suchte sich das nächste Opfer. Der Vorteil ihrer Beziehungsstörung: Sie hatte ständig neue Typen an ihrer Seite. Jenny war als Wanderpokal unterwegs.

Ein Jahr später, ich war inzwischen 19, musste ich mich wieder hinten anstellen. Diesmal lohnte es sich aber! Die Türen des Mojo Clubs öffneten sich alle fünf Minuten, und ein warmes Gemisch aus Schweiß und Nikotin legte sich wie Nebel über die Treppe an der Reeperbahn, wo auch ich in der Kälte stand und auf den Einlass wartete. Ich hatte Spaß daran, die anderen Wartenden zu beobachten, und machte ein heiteres Beruferaten daraus. Hornbrille? Designer oder Graphiker! Baseballmütze aus New York? Musiker! Braune Trainingsjacke vom FC St. Pauli? Student! Zwischendurch schnappte ich für einen kurzen Augenblick die Musik aus dem Club auf, bis der Türsteher den Laden für die nächsten Minuten dichtmachte. Detroit-Funk, Latin Jazz oder Northern Soul. Hach! Ich fühlte mich bereits wohl, obwohl ich alleine gekommen war und noch an der Kasse stand.

«Kanaken kommen hier nicht rein», nölte mich die tiefe Stimme aus dem Glaskasten, die ich nicht gleich zuordnen konnte, an – aber das anschließende Lachen erkannte ich sofort. Es hatte sich nicht verändert. Jetzt bekam ich auch das Gesicht zu sehen. Patrice saß mit seinem Strubbelkopf an der Kasse, sortierte Geldscheine und verteilte anschließend die Stempel für den Einlass.

«Ich arbeite hier als Putzfrau und wollte nur mal schnell den Tanzboden durchwischen», log ich ihn mit ernster Miene an. «Haben Sie überhaupt eine Aufenthaltsgenehmigung?», schob ich nach und schaute ihn dabei streng an.

«Brauche ich nicht. Ich bin Zuhälter und freue mich, dass die Kasse klingelt.» Da war er wieder, unser alter Humor. Immer etwas zu frech für die Leute hinter mir in der Schlange, die hinter ihren Hornbrillen verstört die Augen aufrissen. Aber wir hatten eben beide Spaß daran, uns zur Begrüßung verbal in die Fresse zu hauen, es war unsere Form der Luftküsserei. Dabei hatte ich Patrice schon lange abgeschrieben. Ich dachte, er sei endgültig von der Bildfläche verschwunden und unser nicht enden wollender Schlagabtausch nur noch eine Notiz in meinem alten Tagebuch.

«Feiner Laden hier, meine Liebe. Aber auch echt busy. Komm nachher mal rüber ins Jazzcafé, so ab zwei. Würd mich freuen.» Das Flirten hatte er jedenfalls nicht verlernt.

«Abgemacht», versprach ich Patrice. Er nahm meine Hand und hielt sie einen Moment länger als nötig fest. Dann drückte er einen dicken Stempel drauf und gab mir meinen Zehnmarkschein wieder zurück. Der freie Eintritt und die Vorfreude auf das späte Wiedersehen ließen mich durch den Club schweben, von der Garderobe direkt auf die Tanzfläche. Ich ließ mich vom Groove der 70er Jahre treiben. Sollten sich doch die 17-Jährigen mit ihren gefälschten Schülerausweisen vor den Techno-Clubs anstellen. Ich war jetzt wirklich erwachsen und hatte gerade meinen ersten Job in einer Werbeagentur begonnen. Auch meine Kollegen zogen am Wochenende über den Kiez. Sie trafen sich zuerst in Bars und gingen dann im Mojo tanzen. Jetzt konnte ich sie nicht finden – aber selbst das war egal. Ich setzte also meine beschlagene Brille beim Tanzen ab und war ab diesem Zeitpunkt überhaupt nicht mehr sicher, ob nicht längst einige Mitarbeiter der Agentur mit mir auf der Tanzfläche waren. Verabredungen ohne Ortungsdienste, WhatsApp oder Tinder verliefen damals wirklich nach dem Zufallsprinzip – und waren bei -3,5 Dioptrien ein einziges Fischen im Trüben. Sicherheitshalber nickte ich einfach jedem im Club zu und lächelte, als seien wir alte Bekannte. Schlagartig bekam ich dafür ein Getränk nach dem anderen spendiert. Am Tresen stellte sich dann aber schnell raus, dass der vermeintliche Mitarbeiter aus der Werbeagentur ein Praktikant aus einem Musikverlag oder ein Toningenieur aus einem Studio war, so genau konnte ich ihn nicht verstehen. Weil ich wieder mit dem Wagen von Chrissi unterwegs war, trank ich ausschließlich Cola mit Eiswürfeln und einer Scheibe Zitrone im Glas.

Mein Magen grummelte schon leicht, als ich neugierig den schweren Vorhang zur Seite schob und Punkt zwei Uhr das Jazzcafé betrat. «Sunny» von Bobby Hebb lief in einer Endlosschleife in immer neuen Interpretationen. Die Musik war langsamer und vor allem leiser als im Mojo.

«Ein Mojito für die schöne Dame!» Patrice tippte mir von hinten auf die Schulter und servierte mir eine Blumenvase auf einer Serviette. Oben schauten frische Pfefferminzblätter aus dem Glas, zwischen den Eiswürfeln lagen ausgedrückte Limettenscheiben, und am Boden setzte sich Rohrzucker ab. Beim ersten Zug aus dem Strohhalm durchfuhr mich ein Geschmack, der mich an den marokkanischen Tee bei den Hababis erinnerte. Mein Getränk war eiskalt und sehr erfrischend. Wegen der Süße schmeckte ich den Alkohol nicht und fühlte mich wie auf Wolke sieben. Ich schob es nicht auf den Cocktail, sondern auf das erste Wiedersehen mit meiner Jugendliebe nach über vier Jahren.

«Boris hat also nicht gelogen», stellte Patrice fest und schaute mich prüfend an, als würden seine Augen jedes Körperteil einzeln abtasten.

«Wieso?», fragte ich und stutzte für einen Augenblick. Plötzlich war sie wieder da, die Unsicherheit. Ich überlegte kurz, kam aber nicht darauf, was er meinen könnte mit dieser Bemerkung. Ich hatte nichts angestellt, wofür ich mich im Nachhinein hätte rechtfertigen müssen. Ganz im Gegensatz zu Patrice. Jenny, das war doch der Sündenfall, der uns auseinandergetrieben hatte.

«Na ja, er meinte neulich, du hättest früher immer so ... na ja, wie soll ich sagen ...»

«Scheiße ausgesehen», beendete ich den Satz, während er mit seinem Strohhalm geräuschvoll das Eiswasser aus seinem Longdrinkglas schlürfte.

«Du bist echt hübsch.»

«Danke.» Nach dem ersten, unsicheren und halb-flirtigen Pingpong spielten wir ab jetzt gepflegtes Tennis mit langen Sätzen, schließlich gab es viel zu erzählen. Patrice hatte die Schule geschmissen und eine KFZ-Lehre gemacht. Jetzt arbeitete er auf einem Schrottplatz, restaurierte nebenbei alte Autos und verdiente sich noch etwas Geld in Bars und Clubs dazu. «Ich streiche über den Kotflügel und weiß sofort, wo ich die Karosserie spachteln muss. Magic Fingers eben, wie mein Alter, als er noch Nasen operieren durfte.» – «Ich dachte immer, du wolltest Preisgelder in Wimbledon einsammeln?» – «Hör mir auf mit diesen Schnöseln im Tennisclub. Ich schweiße gerade an einem silbernen BMW Coupé, noch etwas verrostet, ansonsten aber eine feine Karre.»

«Witzig. Du machst genau das, was meinen Papa früher auch glücklich gemacht hat.»

«Der Schrottplatz ist eben auch mein Wohnzimmer.»

«Wo Sie für Schrott auch noch Geld bekommen.»

«Meyer Schrottplatz – woher kennst du den denn?»

«Hab ich mir ausgedacht, den Spruch.»

«Wow, das steht doch jetzt an jeder Litfaßsäule in der Stadt.»

Patrice war überrascht, dass ich Texterin in einer Werbeagentur geworden war. Dabei hatte ich mir meinen Arbeitsplatz von Anfang an so vorgestellt. Ich wollte mir Sachen ausdenken, mit der deutschen Sprache spielen und mit etwas Glück vielleicht auch Jungs wie Patrice den Kopf verdrehen, wenn sie an der roten Ampel oder Bushaltestelle die großen Plakate anstarrten. Nur mein Einstand bei der renommierten Agentur an der Alster war sehr mühsam gewesen. Den Praktikumsplatz hatte ich mit Hilfe von Jennys Mutter vermittelt bekommen, als wir uns zufällig im Kiosk über meine Berufspläne nach dem Abitur unterhielten und ich ihr von meinem frustrierenden Besuch im Berufsinformationszentrum berichtete. Der Computer war nach der Auswertung meines Fragebogens auf die glorreiche Idee gekommen, mir eine Ausbildung zum Optiker zu empfehlen. Ausgerechnet ich blindes Huhn sollte mit seriösen Sehtests mein Geld verdienen – ausgeschlossen. In einem handwerklichen Beruf sah ich meine Zukunft aber genauso wenig wie nach dem ersten Arbeitstag in der Werbeagentur. Mein Vorgesetzter erklärte mir, dass ich in der Kundenberatung eingeteilt worden sei und Kostenvoranschläge schreiben sollte. Statt Kreativität ging es um nackte Zahlen, wie damals in Mathe bei Erwin Steiger. Ich kotzte mich während einer Kaffeepause bei einem der Kreativen aus, und das Wunder geschah: Er gab mir eine neue Chance. Ich durfte mir einen Werbespruch für einen Schrottplatz ausdenken und überzeugte damit meine Chefs und auch den Auftraggeber Michael Meyer. Wir arbeiteten täglich bis zu 14 Stunden – und damit immerhin eine Stunde weniger als Chrissi im Kiosk.

«Ansonsten kannst du auch hier anfangen an der Bar», zeigte mir Patrice berufliche Alternativen auf.

«Ich serviere seit fünf Jahren Kräuterschnäpse. Es ist höchste Zeit für was Neues», lehnte ich schnell ab.

«Das hab ich mir auch gedacht. Das hier ist übrigens Müge, meine Freundin.» Ich musste kurz schlucken, als er ein Foto aus seinem Geldbeutel holte. Seine Freundin war sehr hübsch. Sie lehnte mit ihren langen schwarzen Haaren an seiner Schulter und lächelte zufrieden. Was für ein wunderbares Paar. Der Araber und die Türkin. Bevor er mir die Geschichte aus 1001 Nacht zu Ende erzählen konnte, musste ich die Märchenstunde beenden. Vor lauter Quatschen hätte ich fast meine Frühschicht im Kiosk vergessen. Patrice drückte mich fest zum Abschied und steckte mir dabei etwas in meine Hosentasche. Auf dem Weg zum Parkplatz nahm ich das Geschenk in die Hand. Es war eine Kassette, und ich legte sie sofort ein und startete den Motor. Am Straßenrand standen Pärchen, Grüppchen, das Treibgut der Nacht, und versuchten, Taxen heranzuwinken. Ich drehte die Musik lauter und fühlte mich sofort an den Club erinnert. «California Soul», «If you want my love» und «Light my Fire.» Ich war besoffen vor Glück, vielleicht auch von dem Mojito. Deshalb entschied ich mich für den Geheimweg über den Freihafen. Ich liebte die Industriekulisse bei Nacht und schlängelte mich durch die Schatten der vielen Lagerhallen aus Wellblech. In den Fenstern der Speichergebäude spiegelten sich die riesigen Arme der Hafenkräne, die sich rund um die Uhr bewegten. Als Autofahrer konnte man sich im Freihafen schön treiben lassen, weil auf den breiten Straßen so wenig Verkehr war. So ähnlich wie bei den Nachtfahrten im Urlaub von den griechischen Bergen bis zum Meer, wo einen nur das Scheinwerferlicht der entgegenkommenden Lastwagen aus den Träumen riss.

Ich war froh über die lange Aussprache mit Patrice. Denn er fühlte sich damals getäuscht, verraten und sitzengelassen. Von der eigenen Familie, den besten Freunden und auch von mir. Besonders übel nahm er es mir, dass ich mich nach den Sommerferien nicht wie verabredet gemeldet hatte, um ihm zu sagen, ob ich mich für oder gegen ihn entschieden hatte. Aber ich hatte am Ende dieses Sommers einfach andere Sorgen gehabt. Patrice suchte sich einen neuen Freundeskreis, wurde glücklich und lernte so auch Müge kennen. Sie war seine große Liebe, nach all den Fehltritten und Enttäuschungen rund um den Tennisplatz. Mein Kopf ratterte. Ich war nicht länger heiße Luft für ihn. Im Gegenteil. Ich hatte ihn bereits heimlich verführt. Mit meiner Botschaft auf der Werbetafel. Jetzt entwickelte ich erst recht den Ehrgeiz, mit meinen Wortspielen auch anderen Leuten den Kopf zu verdrehen. Mein Leben war nur noch halb so beschissen, die dunklen Wolken waren endlich abgezogen, und es schien wieder die Sonne durch Schäfchenwolken hindurch.

Auch noch am nächsten Morgen, obwohl ich keine Minute geschlafen hatte. An den Bäumen leuchteten die Blätter in der Herbstsonne, die der Wind noch nicht gepflückt und auf dem Gehweg verteilt hatte. Ich ging durch das Laub direkt auf unseren Kiosk zu und blieb vor dem Schaufenster stehen. Die rot-weiß gestreifte Markise war stumpf und grau vom Staub der Straße, nur die Schrift der Reklame war ganz frisch. Neben den Werbefolien der Lottozentrale und Zigarettenindustrie klebte nun auch der erste Spruch, für den ich in der Werbeagentur tatsächlich bezahlt wurde und dessen Auftraggeber die *Bild am Sonntag* gewesen war. Auf der großen Folie wirkten die Buchstaben noch viel gewaltiger als mit dem Bleistift auf dem Papierzettel im Büro notiert: «Wir kümmern uns sonntags um Ihr Kind.» Ich war stolz auf mein Baby, musste kurz schmunzeln, schloss den Kiosk auf und machte mich an die Arbeit.

EPILOG

Unser Kiosk ist inzwischen Geschichte, Chrissi hat ihn im Alter von 65 Jahren verkauft – an eine Familie, die nach Deutschland eingewandert ist; genau, wie unser Vorgänger Otto es damals auch gemacht hat. Für die angebrochenen Kartons Springer Urvater bekam sie sogar noch eine Ablöse, von der sie sich einen neuen Fernseher leistete, vor dem sie nun auch endlich Zeit verbringen kann. Dort zappt Chrissi gerne durch die Programme und fiebert bei «Rote Rosen» genauso mit, wie wenn Alexis Tsipras im griechischen Fernsehen einen Auftritt hat. Die Soap-Darsteller bekommen, wenn sie aus der Rolle fallen, genauso ihr Fett weg wie der Premierminister, wenn er ohne Krawatte auftritt und den Rentnern an den Kragen geht. Mama bezieht jetzt ihre staatliche Luxusrente in Höhe von 400 Euro und eine kleine Witwenrente und lebt ansonsten von ihren Ersparnissen aus der Kiosk-Zeit.

Das liberale Ladenschlussgesetz hat uns die letzten Jahre nicht gerade versüßt. Die Trinker folgten dem Gesetz der Marktwirtschaft und saugten den billigen Fusel fortan lieber bei Aldi oder Lidl auf, wie die unterste Schicht einer Portion Tiramisu. Süß, klebrig und immer gut getränkt mit Hochprozentigem. Der weniger kostenintensive Zugang zum Schnaps war häufig entscheidender als die Gemütlichkeit und Freundlichkeit, die unsere übrigen Stammkunden so schätzten. Aber auch sie dezimierten sich über die Jahre immer mehr: Helmut kam aufgrund von gesundheitlichen Problemen leider nicht mehr so oft die Treppe hoch. Nach einem Sturz vom Moped konnte er sich nur noch im Rollstuhl von A nach B bewegen. Wenn ihn also kein Zivildienstleistender vorbeischieben konnte, freute er sich über den barrierefreien Zugang in die Aral-Tanke, die er auch aus eigener Kraft ansteuern konnte. Bei jedem Schluck, den er – egal wo – nahm, dachte er an seinen alten Freund Otto, der nach einem Schlaganfall ganz ans Bett gefesselt war und das Haus nur noch im Krankenwagen verließ, bis er eines Tages gar nicht mehr auftauchte.

Chrissi musste in all den Jahren von vielen liebgewonnen Kunden Abschied nehmen und war dabei immer die erste Ansprechpartnerin für die Polizei. Sobald die alleinstehenden Rentner nicht mehr im Kiosk ihre drei Brötchen abholten, wählte sie zuverlässig die 110 und bekam umgehend einen Rückruf, in dem die Beamten den schlimmen Verdacht bestätigten. Wer also seine Brötchen nicht mehr abholte, war häufig schon tot. Chrissi erzählte das meistens auf eine so komische Art, dass die traurige Nachricht eine angenehme Leichtigkeit bekam. Als die Brötchen-Kontrolle entfiel, übernahm Gerda Brocken die Rolle von Mama und meldete sich bei der Polizei, wenn jemand aus der Nachbarschaft urplötzlich von der Bildfläche verschwand. Allerdings hatte Gerda eine deutlich höhere Fehlerquote als Mama. Einmal im Monat schaute Gerda weiter bei Chrissi vorbei. Nicht etwa weil sie sich Sorgen um ihre

Gesundheit machte, sondern um dann bei Kaffee und Kuchen all das zu berichten, was sie früher täglich an der Kasse losgeworden war. Sie brachte neue Rezeptideen mit, schwärmte von der neuen Frisur von Königin Sylvia und berichtete über jede Veränderung im Vogelkäfig haargenau. Manfred Brocken spielte in den Erzählungen immer weniger eine Rolle, verschiedene Kanarienvögel hatten die Lücke inzwischen emotional schließen können. Chrissi erzählte ihrerseits gerne ein paar bislang unveröffentlichte Geschichten aus der Fahrradfabrik oder wiederholte den Klassiker mit den Bienen und dem Zuckerwasser noch mal. Der Angriff klang manchmal so lebensbedrohlich, als würden die Türken schwerbewaffnet ihr Bergdorf in der Heimat angreifen anstatt ein paar harmlose Insekten ihre süßen Frisuren. Nachdem sich die beiden Damen von ihren Lachattacken erholt hatten, stärkten sie sich mit selbstgebackenem Bienenstich und tranken dazu eine Tasse Filterkaffee mit gesüßter Dosenmilch.

Anschließend erkundigte sich Gerda nach uns Kindern, und Mama erklärte voller Stolz, dass wir uns inzwischen alle drei selbst ernähren konnten. Mit Ausnahme von Weihnachten und Ostern. Dann wurden wir selbstverständlich gemästet, als hätten wir jahrelang in Kriegsgefangenschaft gelebt, und bekamen Portionen aufgetischt, wie sie sonst nur noch in der Taverne Olympiade in Harburg oder im Olympischen Feuer in der Schanze serviert werden. Griechenland ist für Chrissi immer noch die geliebte Heimat, aber ihre Zukunft liegt dort nicht, weil sie dann zu weit weg wäre von ihren Kindern und Enkelkindern. Chari lebt zwar aus Chrissis Sicht leider Millionen Lichtjahre entfernt, in

Wahrheit sind es aber keine zwei Stunden. Mein großer Bruder wohnt in Berlin-Kreuzberg und macht irgendwas mit Computern. Mein kleiner Bruder ist inzwischen auch groß geworden und mit Anfang 30 bei Mutti ausgezogen. Iannis macht irgendwas mit Medien. Ich auch, was dazu führt, dass ich mittlerweile regelmäßig zu Gast in Gerdas Wohnzimmer bin. Sie schaltet erst aus, wenn ich mich nach dem Wetterbericht ordnungsgemäß verabschiede, der für die kommenden Tage Dauerregen ankündigt. Chrissi ist sogar noch tapferer. Anfangs hat sie gar keine Tagesschau-Ausgabe mit mir verpasst, auch nicht nachts um halb zwei. Wenig Schlaf war ja weder für sie noch für mich etwas Neues. Zumindest auf das Leben im Schichtdienst war ich durch den Kiosk gut vorbereitet. Bis vor gut zehn Jahren habe ich morgens und an den Wochenenden noch häufig Schaumwein und Brötchen ausgegeben, bevor ich dann mit der S3 auf die andere Seite der Elbe fuhr. Diese Zeit, in der ich in der Werbung begann, bevor ich erst zum Radio und dann zum Fernsehen ging, mit einem Bein aber im Kiosk blieb, kommt mir heute fast wie eine Art Doppelleben vor. Andererseits: Der Tresen ist geblieben. Gleiche Höhe.

Meine Geschichte hilft mir dabei, Bilder von Flüchtlingen zu verstehen, die beispielsweise an der griechisch-mazedonischen Grenze zu Fuß über Bahngleise laufen, um einen Zug nach Nordeuropa zu erwischen. Ich wünsche jedem von ihnen, dass er eines Tages als glücklicher Urlauber in Richtung Süden zu seiner Familie fahren kann und dabei genauso viele schöne Dinge zu erzählen hat wie ich. Auch deshalb habe ich meine Geschichte jetzt aufgeschrieben. Vieles davon ist tatsächlich im wirklich wahren Leben so oder so ähnlich passiert. Andere Personen sind dagegen frei erfunden, aber mal ganz ehrlich: Haben Sie von uns Schummel-Griechen tatsächlich die genauen Zahlen und Fakten erwartet? Dann hätte dieses Buch ja gleich Herr Millimeter schreiben können, aber dann wäre es an dieser Stelle auch noch lange nicht zu Ende.

DANK

Ich möchte mich an dieser Stelle bei den Menschen bedanken, die mir bei dem Buch geholfen haben. Der größte Dank geht an meinen Mann, mit dem ich eine lustige Zeit beim Aufschreiben der Geschichten hatte. Ohne seine starken Nerven, seine Ausdauer und sein Risotto wäre ich auf halber Strecke verhungert. Vielen Dank auch an meine großartige Mama, die mir immer wieder lustige Anekdoten lieferte und unvergessliche Nachmittage bescherte, an denen wir beide am Küchentisch uns vor lauter Lachen fast in die Hose gemacht hätten. Das Gleiche gilt für meine Brüder, die mir durch spontane Rollenspiele die eine oder andere Szene wieder ganz lebhaft ins Gedächtnis gerufen haben. Danke an Sonja und Petra, die mich mein ganzes Leben begleitet haben und immer für mich da sind. Ein besonderer Dank geht an Diana, Barbara und Ansa, die mich bei Kaffee und Schnittchen überzeugt haben, dass ich meine Geschichte aufschreiben soll und tapfer auf das Manuskript gewartet haben. Bei Kathi und Anja bedanke ich mich, weil sie immer darauf bedacht sind, mir meine Komfortzone so angenehm wie möglich zu gestalten. Vielen Dank, Susana, für einzigartige Zitate. Und zuletzt: Danke, Harburg. Du bist gar nicht so schlecht, wie immer alle denken.

Das für dieses Buch verwendete Papier ist FSC®-zertifiziert.